铁路班组长通用知识

《铁路班组长通用知识》编委会　编

中国铁道出版社有限公司

2024年·北　京

内 容 简 介

本书结合铁路班组建设现状和发展需要，深入浅出地讲解了班组长管理知识，内容包括班组基础管理、班组长素质提升、班组安全管理、班组现场管理、班组文化建设、班组培训工作，以及附录铁路精神谱系和铁路发展概况。

本书遵循实用、有效的原则，力求突出针对性和适用性，可供铁路运输生产班组长及拟任班组长培训使用。

图书在版编目(CIP)数据

铁路班组长通用知识/《铁路班组长通用知识》编委会编.—北京：中国铁道出版社有限公司，2024.7

ISBN 978-7-113-31061-5

Ⅰ.①铁… Ⅱ.①铁… Ⅲ.①铁路企业-班组管理-技术培训-教材 Ⅳ.①F530.6

中国国家版本馆 CIP 数据核字(2024)第 049418 号

书　　名：铁路班组长通用知识
作　　者：《铁路班组长通用知识》编委会

责任编辑：聂宏伟　李纯一　　　**编辑部电话：**(010)51873024
封面设计：郑春鹏
责任校对：刘　畅
责任印制：樊启鹏

出版发行：中国铁道出版社有限公司(100054，北京市西城区右安门西街 8 号)
网　　址：http://www.tdpress.com
印　　刷：三河市宏盛印务有限公司
版　　次：2024 年 7 月第 1 版　2024 年 7 月第 1 次印刷
开　　本：880 mm×1 230 mm 1/32　**印张：**7.375　**字数：**183 千
书　　号：ISBN 978-7-113-31061-5
定　　价：32.00 元

前　言

为切实加强班组建设，落实有关班组长培训要求，提高铁路运输生产单位班组长管理水平和综合素质，由中国铁路太原局集团有限公司职工培训部策划，太原职工培训基地组织相关人员编写了《铁路班组长通用知识》。本书遵循实用、有效的原则，力求突出针对性和适用性，以适应铁路高质量发展的需要。

本书共分六章，包括第一章班组基础管理，第二章班组长素质提升，第三章班组安全管理，第四章班组现场管理，第五章班组文化建设，第六章班组培训工作，以及附录铁路精神谱系和铁路发展概况。本书结合铁路班组建设现状和发展需要，侧重班组长管理知识的学习，可供铁路运输生产班组长以及拟任班组长培训使用。

《铁路班组长通用知识》由相关人员在教材编写委员会的指导下完成，主编为蒋智忠、杨晓元，副主编为梁红卫、陈龙。各章编写人员为：第一章秦瑶、何雨润，第二章何雨润、郝雅娟、孟玉静，第三章秦瑶、冯婧，第四章秦瑶、李彦、杨庆华，第五章李小娟、郝雅娟、黄芳，第六章陈丹丹、黄芳，附录一李彦、冯婧，附录二李彦。本书由盛巍、常琨、常伟华、陈鹏、杨建进行审核。

由于编写时间仓促，不足之处在所难免，恳请广大班组长学员和读者给予批评指正。

本书编委会

2024 年 5 月

目　录

第一章　班组基础管理

第一节　班组管理概述

一、班组长在企业管理中的地位及作用

班组是为了完成某项生产(工作)任务,由一定数量的操作人员或工作人员在统一指挥、明确分工和密切配合的基础上所组成的一个工作集体。这些一个又一个的工作集体是企业组织生产经营活动的基本单位,是企业最基层的生产管理组织。企业的所有生产活动都在班组中进行,如果把企业看成一座高楼,班组就是这座高楼的基础和支架。楼基不牢,楼则不稳。班组在企业生产经营(工作)和发展中作用发挥的好坏以及发挥的程度直接影响企业的生存发展。有时一个班组的安全生产工作出现问题,不仅会影响生产任务的完成,还会影响整个企业的形象。所以,企业要想提升综合实力、要想发展好,必须重视班组建设,而班组长则是班组建设的第一责任人。

班组地位的体现以及作用的发挥与班组长有着密不可分的关系。企业的管理结构从纵向结构上划分为四个层次:经营层、管理层、执行层和一般员工层。经营层指董事长、总经理,负责企业战略的制定及重大决策的实施;管理层指业务部室、段长、车间主任等,负责层层组织和督促职工们保质保量地完成运输安全生产任务;执行层指最基层的管理者,也就是班组长。从图 1-1 中就能看出,班组长在整个企业中处于“兵头将尾”的位置,起着承上启下的

作用。用16个字来形容班组长工作,则是“职位不高,决策不少,麻雀虽小,责任不小”。

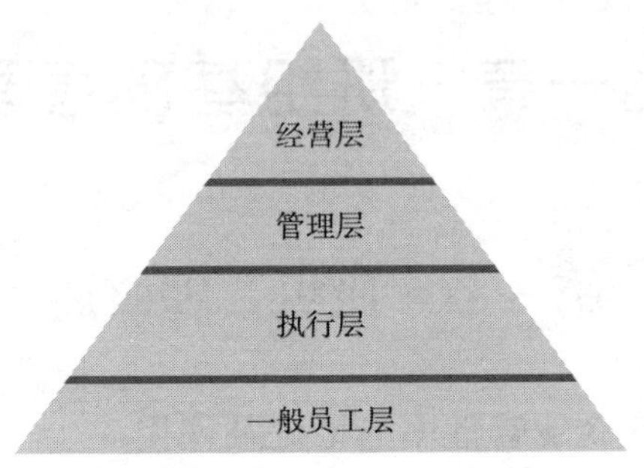

图1-1 企业管理结构

在实际工作中,经营层的决策做得再好,如果没有管理层和执行层的有力支持和密切配合,没有一批领导得力的班组长来组织开展工作,那么经营层的政策就很难落实,其实这又反过来印证了班组长的重要性。

二、班组管理理念

随着时代的发展和工作的需要,越来越多的年轻人走上了班组长的岗位,个人业务水平大多毋庸置疑,但他们大部分是靠师傅带徒弟的方式或靠自己平时摸索,积累经验来了解、感悟什么是管理,缺乏系统的管理知识。经验固然重要,但是经验毕竟不系统,存在一些盲区,班组长如果能在管理过程中,结合自己的工作实际,运用一些先进理念指导自己的管理实践,将会取得更好的管理效果。

(一)管理服务理念

与其他管理者不同的是:班组长不仅是“司令”,又是“政委”,还是“战士”。在履行其管理职责时,班组长就像针鼻子,“上面千条线,下面一根针”,什么线都要往里穿,所有工作都要落实到班组长头上。班组长的工作具有管得宽、管得细、管得直接、管得具体等特点。诸如生产、技术、安全、分配、生活、思想政治工作等，班组长都要管。若班组长没有为大家服务的高度的事业心、责任感和吃苦耐劳的实干精神，就很难做好班组工作。

(二)以人为本的诚信理念

班组成员由于文化素质、情趣爱好、脾气秉性等各有不同，管理难度较大。班组长在管理过程中，要处处从组员的角度去多思考，从关心爱护组员的角度分析问题，体现以人为本的管理思想，才会得到组员的理解和支持。在进行班组管理过程中必须注意做到以下三点：

1. 用真诚的态度与班组成员进行沟通。一事当前，要求班组长首先要做到换位思考，要站在组员的立场上去考虑问题，做到设身处地，这是实现真诚沟通的基础。同时，在沟通过程中，不要迎合对方，也不要打击对方。做到既要讲求方法，又要实事求是，通过沟通真正让对方感到你对他诚恳的态度。

2. 要增强信任感。一方面，班组长要在工作中充分信任每一位组员，这样才不会与组员产生思想隔阂；另一方面，班组长还要通过自身各方面的努力，赢得组员的信任，其中的关键就在于真正帮助组员解决困难，承诺的事情要尽可能兑现，即使暂时无法兑现，也要有令人信服的原因，决不能对组员敷衍了事。

3. 尊重组员。坦诚、信任和有效沟通，是建立在尊重的基础之上的。只有与组员们面对面、肩并肩、心贴心，才会了解其所思所想，所喜所忧；只有拥有一颗平常的心、敬重的心、无私的心，才能真正解决组员的思想问题。尊重组员，可以提高班组长的个人威信，提高班组凝聚力。现代管理心理学的实验表明：借助于经济措施只能调动组员积极性的60%，而另外40%的积极性则要靠领导的威信去调动。同样，在班组中，班组长威信高，班组成员就有凝聚力、向心力。

(三)技能引领理念

班组长是一线管理者,同时又是一线操作者,所以,光说不练不能服人。身教胜于言教,俗话说“喊破嗓子,不如做出样子”。在实际工作中,许多问题讲十遍不如做一遍更有说服力。要做一名好的班组长,必须平时多观察、多学习、多钻研,不断提高自身业务素质,成为班组中生产质量最高、诀窍最多、最能解决疑难问题的技能带头人。同时,还要在工作中起到“传、帮、带”的作用,真正使自己成为班组组员生产技能和安全知识方面最直接的老师。

(四)质量第一理念

最初提到质量,一般是指产品的质量。后来,逐步扩展到工作质量。运输企业中的任何一个环节,任何一个人的工作质量,都会不同程度地直接或间接影响运输质量。班组是企业最基层的生产和管理组织,是运输质量形成的最前沿。只有从班组做起,才能保证运输的整体质量。班组长应认真对待每一环节的质量工作,并动员每个组员都投身到质量管理中去,调动广大组员的积极性,保证工作质量。

(五)竞争理念

竞争不仅是市场经济的主要特征,也是经济发展的主要手段和方式。铁路向现代化企业转型,竞争是不可避免的。班组长在管理中,不仅自己要有竞争意识,也要注重培育组员的竞争意识,更要善于竞争。

班组作为基础,必须面对竞争,并积极参与竞争。企业发展的关键在于班组,每个班组都具有强烈的竞争意识,是企业赢得竞争的重要前提。另外,还要掌握竞争本领。在复杂的竞争环境中,看清自己优劣的同时,也要分析清楚对方或市场的情况,要科学竞争,不要盲目竞争。班组长作为班组的管理者,首先要引导班组成员正确面对竞争,并投身于其中。班组长要有自我成才、带领大家成才的意识。人们常说,最强劲的对手是自己,要超越别人必须先超越自己。如果你认为自己学会了一切,可以放松了,那么你放松的那一刻也就是你的竞争对手开始超越你的时刻。

(六)危机管理理念

所谓"生于忧患,死于安乐",意思是人要有忧患意识,也就是要有"危机意识"。危机的影响是多方面的,忽略任一细节将会付出高昂的代价,特别是安全或质量方面。一个企业如果没有危机意识,将走不长远;个人如果没有危机意识,很容易被社会所淘汰。班组长在面对工作、组织生产的过程中,对哪里存在什么隐患,哪个环节可能出现什么样的问题,一定要心中有数。要做好预案,有备无患。同时要注意,在预防危机时,留心大家容易忽视或易于出错的细节,将是非常有益的。

危机意识的另外一层含义是指,只有不断提高个人素质,才能做到处事不慌不乱,从容应对。许多突发事件是无法预料的,在紧急情况下作为班组长如何迅速做出反应,从容应对,带领大家解决问题,这都要求班组长有较高的个人素质,注重自身的学习、提高。同时也应在心理上做好随时接受、应对突发事件的准备,这是心理建设。心理准备充足,遇紧急情况时便不会慌了手脚。

三、班组管理特点

班组管理呈现"三现"特点:

现场:班组长所在的生产一线,是企业创造财富的地方,是进行生产的所在地。班组长不可能"理想地设计"它,只能熟悉它、适应它,进而掌握它。

现物:是指生产现场的各种特质条件是已定的。比如生产设备不是我们能随意变更的。

现实:是指既有条件。它还包括管理方式与管理水平的现实状况。

班组长的管理硬功就是将管理原理、方法、措施与现场、现物和现实有机地结合。班组长管理一定要实事求是，讲求实效，根据条件来取得意想不到的成效。同时针对“三现”，班组长相应要做到：立即赶往现场，迅速了解现场实情想出处理办法，及时解决问题。

第二节　班组作业计划管理

现场作业计划，是指在计划期内，生产班组应完成的工作总量，是为把企业和车间的生产任务，落实到每个人、每台设备上而编制的具体工作方案。它是车间生产计划的展开和细化，是上一级计划的具体实施，其时间单位可以细化到月、周、工作日、班次、小时，甚至分钟。

一、编制计划的意义

1. 计划为管理者和非管理者提供了指导。只有当职工了解工作单位正在努力实现的目标是什么以及他们必须作出什么贡献以实现目标时，班组长才能更好地协调自身工作，彼此相互合作，并从事一些实现目标的必要工作。如果没有计划，大家可能会在不同的目的下背道而驰，从而阻碍目标的实现。

2. 计划通过迫使管理者展望未来、预测变化、考虑变化的影响以及制定恰当的应对措施，降低不确定性。尽管计划并不能消除不确定性，但管理者通过计划可以作出有效应对。

3. 计划有助于最小化浪费和冗余。若工作活动处在计划的协调下，低效率的活动就会一览无余，从而得以更正或取消。

4. 计划确定了控制所采用的目标或标准。当管理者（班组长）实施计划时，肯定会制定目标和方案。当他们实施控制时，会考察计划是否已经执行以及目标是否已经实现。如果没有计划，就没有目标来衡量工作努力的程度，更谈不上今后如何改善工作效果。

所以，作为班组长，干工作是不能完全跟着感觉走的，需要结合班组实际来定计划，而这个计划也是企业生产计划的最终环节，其编制是否科学、合理、切合实际，直接影响企业整个生产计划的质量。一个好的计划，特别是短期计划，不能是空对空的计划，必须是明确的、具体的、可行的。要想制定出好的作业计划，班组长必须掌握某些制定计划的相关知识和技能，“5W1H”是人们在长期工作实践中总结出来的比较可行的方法。

二、现场作业计划的制定方法

“5W1H”是指，制定现场作业计划时必须明确做什么（What）、为什么要做（Why）、何时做（When）、何地做（Where）、何人做（Who）和如何做（How）。

1. 做什么（What）。明确计划的目标，具体任务指标和要求，明确中心任务和工作重点。例如：本月本班组都要做哪些工作，要达到什么标准，哪些工作是重点优先干等。

2. 为什么要做（Why）。给大家解释，让班组成员了解为什么如此制定计划，在理解的基础上，组员才有可能充分发挥其主动性和创造性去执行计划。

3. 何时做（When）。结合上级生产计划及班组实际，规定班组计划中各项工作的开始和完成时间，利用进度表、甘特图（生产进度指示图）等工具对生产进度进行有效控制。

4. 何地做（Where）。规定计划的实施地点或场所，通过分析现场的资源以及条件限制，把计划任务分解到每个工位，合理安排计划实施的空间。

5. 何人做（Who）。把生产计划分解到每个组员，明确主要责任人，细分具体某项工作的操作人、审核人、出现异常情况向何人报告、特殊情况何人有权处理等。

6. 如何做(How)。制定实施计划的措施、相应的政策和规则,主要包括作业流程、操作规范、现场工作制度、应急预案等。

三、现场作业计划的筹划与编制

现场作业计划通常包括常规任务、突击(临时)任务作业计划两大类。

(一)常规任务的分工派活

常规任务的分工派活就是严格按照车间下达的生产计划,编制本班组的落实计划,即班组作业方案,把任务下达给每个组员。在下达过程中,明确地体现出“5W1H”。

1. 编制班组作业方案的五项基本原则

(1)从全局出发,统筹安排。编制班组作业方案时,必须在车间计划的统一指导下进行。

(2)科学确定指标,合理调配资源。科学合理的作业方案应该是让大部分组员经过努力后都可以达到的,是先进的但不是冒进的。因此,班组在编制作业方案时,要注意把计划指标定在平均水平上,使现场人员、设备、材料等各种资源得到充分利用。

(3)全面考虑问题,做好应急预案。生产现场有时会遇到人员短缺、设备故障、停水停电、安全事故等意外情况。为了预防突发紧急事件,在制订作业方案时要考虑到可能发生的一些不利情况,计划应该是弹性的,要留有余地。

(4)组员参与,落实到人。编制班组作业方案要发动全体组员参与,集思广益,共同制定落实计划的措施,使每个组员都了解整个集团公司、站段、本车间、本班组乃至本人的工作任务,明确自己的责任。这样制定的计划能够得到组员的理解,有坚实的群众基础,利于贯彻落实。

(5)严格执行,定期修订。要维护计划的严肃性,执行中要不折不扣，不得随意变动。如果出现特殊情况，计划不能完成，要分析原因。但是，由于内外部环境是在变化的，因此如果是长期计划，要定期对计划进行审核，对不符合客观情况的内容要进行修订。

2. 编制班组作业方案应准备的资料

(1)车间下达给班组的月、旬或周生产作业计划和有关技术资料；

(2)班组目前各项生产工作的进展情况；

(3)本班组现有工作量标准、相关制度文件等；

(4)创新性想法。

编制完成的作业方案，应该用表格的方式简明扼要地展示，尽可能浓缩到一张纸上，张贴在现场醒目的位置或分发到组员手里，使组员一目了然，便于方案的执行和控制。

(二)突击(临时)任务的计划制定

做好常规任务作业方案的筹划和落实，是班组长的基本功。而作为基层管理者，班组长还必须具备应变能力。企业有时会产生一些突击性的、临时性的任务。这些任务常常是紧迫的，会打乱班组原有的生产节奏和秩序，班组长在处理时，既要做到谨慎不慌，又要注意高效率，及时调整作业计划，提出新的作业计划。除常规管理办法外，班组长应注意以下三个方面：

1. 与相关部门进行沟通协调。向合作的工区或班组确认共同作业的安排；向上一级生产单位，即车间，提出需要的物质技术支持等。

2. 动用在编制班组生产作业方案时预留下来的机动设备、人员等生产资源。如果由于生产任务饱和，作业计划已经没有余地，而任务必须完成时，班组长要充分发扬民主，组织组员开动脑筋，集思广益，想办法挖掘潜力。

3. 组员技能多样化的训练，保持设备良好。做突击(临时)

任务更能体现一个班组的素质和能力，这就要求班组长在日常管理中，注意组员技能多样化的训练，使大部分组员能胜任几个岗位的工作，同时注意保持设备，特别是备用设备的良好技术性能。

四、现场作业计划的执行

现场作业计划执行的核心，是把生产作业计划当作“法令”，使其标准化、制度化，并严格执行，确保生产任务不折不扣地完成。

（一）作业计划实施前的准备工作

作业前的准备工作包括人员、技术和物资三个方面，也包括实施作业计划的辅助措施，如作业计划实施的进程记录、台账等。作业前的准备工作，一是开好作业前的各种会议，如作业计划会、交班会等；二是对照作业计划将列出的各种清单进行检查。通过会议和检查，将技术、物资，包括职工思想都准备好。

（二）作业计划实施过程中的调控

作业计划实施过程中的调控，关系作业计划的落实和生产目标任务的实现，以及质量的保证等重大问题。作业计划的执行过程，就是生产现场管理目标的实现过程。

一般而言，现场作业计划包括五大目标，它们是作业计划实施过程中调控的重点，概括为“QCDSM”，即提升品质（Quality）、降低成本（Costing）、确保交货期（Deadline）、确保人身安全（Safety）、提高士气（Morale）五个方面。

1. 提升品质。为确保作业效果，大家要有品质意识，不仅是把活干完，而且要把活干好、干漂亮，这就要求大家一定要严格遵守各项规章制度。除执行标准外，还应研究使用一些好的技巧和方法，不轻易使用不够熟练或尚未掌握的作业方法。

2. 降低成本。集合全体班组成员，在保证工作质量的前提下，最大限度地挖掘降低成本的潜力，并予以实施改善，从而达到以最小的成本投入(生产耗费)实现最大的效益(效率)的目的。

3. 确保交货期。保质保量在计划时间内完成作业内容,是现场管理和保证生产平稳运行的核心,不能忽视。

4. 确保人身安全。安全是无论何时都要放在首位的,也是在计划执行过程中管控的重中之重。对于职工,辨识风险、管控风险、排查隐患、治理隐患能力都要培养。

5. 提高士气。一个士气高的班组干起活来肯定比士气低的班组表现得更好,所以班组长在组员作业时也要随时观察团队士气,该鼓劲就得及时鼓劲。

(三)强调生产过程的标准化运作

标准化是一种行为规范,大家都必须按照这种行为规范要求去做,才能保证现场的正常化运作。作业过程"标准化",包括理解标准(绝大多数标准班组无权更改,只有执行权。但不理解,执行就有难度)、制定标准、执行标准、完善标准等环节。在生产现场,班组长的重要任务是执行标准和完善标准。

如何让组员自觉执行标准并养成习惯,这几乎是每个班组长都要面对的问题。下面是几种有利于标准执行的常用方法,供班组长在管理中参考使用。

1. 教育组员把标准当作自己最高的作业指示,尤其注意作业开始阶段对组员操作现场的指导和检查。对不遵守标准的行为,一旦发现,严肃批评,立刻纠正。

2. 将标准在显著的位置上张贴揭示,放在谁都看得到的地方,这是目视管理的精髓。比如,作业指导书要放在作业者随手就可以拿到的地方。

3. 教育组员在发现标准有问题时,不要自行改变标准,而是要报告自己的班组长,并提出自己的建议,然后由具有修改标准权限的部门和人员来修改。

五、现场作业计划的实施评估

作业计划是否可行有效,需要经实践验证。因此,作为班组长,无论是日作业计划,还是周或月作业计划,实施后都要进行总结评估,从中发现问题和总结经验,使班组作业计划不断完善,制定和实施水平不断提升。

(一)现场作业计划实施评估的作用

班组作业计划实施评估,就是对作业计划执行情况进行的评断、反思和总结,包括班组成员责任制落实情况、作业安全质量规程执行情况等。

现场作业计划实施评估的作用体现在以下三方面:

1. 促进组员自我管理意识的提高。班组管理水平的高低,除了班组长的管理素质之外,关键还在于组员参与管理的积极性和主动性,取决于组员自我管理意识的发展程度。每个组员都是确保质量和安全的阀门或支点,组员出现问题,整个班组的工作就没有保障。通过经常性评估,开好班后会,可以促进组员执行作业计划的意识不松懈。

2. 促进作业计划制定能力的提升和作业计划的不断完善。一个好的作业计划,是在不断实践的基础上制定的,将作业计划方案与实施过程对比,就会发现某些细节上的不足,然后修改完善,不断跟进生产和管理的需求。这个过程也是对作业计划制定能力培训和提高的过程。工作本身是最好最有效的能力提高培训过程。

3. 促进企业整体管理水平的提高。班组是企业管理的基础,基础管理水平不高,企业的管理水平就不可能提高。

(二)现场作业计划实施评估的原则

1. 严格按照作业计划规定的标准执行。在评估时不能有主观意志,也不能提出作业计划以外新的标准和要求。作业计划本身的不足和作业漏洞，不是作业计划执行的问题，而是需要完善作业计划的问题，两者不能混为一谈。

2. 班组组员共同参与。执行作业计划是班组组员的职责。在执行过程中，组员最清楚执行的情况，也最了解问题所在。只有组员都参与评估，才可以提高评估的效率和质量。组员共同参与，是保证评估质量的有效原则和措施，班组长必须重视。

3. 实事求是。实事求是是保证评估有效的基础和前提。只有发现问题，大胆实事求是地讲出来，并提出改进建议和措施，才能推进班组管理水平的提高。

(三)现场作业计划实施评估的方法

在评估过程中，要坚持评估的"三条原则"，杜绝随意性和不认真、不严肃的现象，同时要利用某些有效的评估方法，确保质量。

1. 职工自我评估和班组共同评估相结合。以作业计划实施评估为例。职工个人概括作业计划的要求，对自己的工作情况进行评价，找出问题，并提出改进意见。在职工个人评估的基础上，班组开好班后会，进行整体评估，找出其中的问题，并提出改进措施。

2. 跟进生产过程的监督评估。班组长或指定专人，要注意对班组作业、作业规程进行生产过程的跟踪评估，做好记录。生产过程评估，可以将问题消灭在萌芽状态，不要等出了问题再进行评估算账，这样损失太大，管理成本太高。

3. 保存好评估的原始资料。评估以事实为依据，不能凭空评价好坏。要有事实、有根据，就必须做好生产台账，保存并利用好台账。每月评估资料的积累就是用来评估的依据，千万不要忽视班组的档案管理。

开好班前会，做好作业计划实施的动员工作，使组员保持旺盛的精力和高度的责任感投入岗位工作中，认真执行作业计划。做好作业计划实施的过程调控，有利于在生产环节上确保生产安全，保质保量运行。开好班后会,有利于总结经验、发现问题,不断提高工作水平。班组作业计划管理的这三个环节,哪一个都不能少,哪一个都很重要。

第三节 班组人员管理

“企业”中的“企”字,如果把“人”拿掉,“企”字就成了“止”。人是企业中一切创新的源泉,失去他们奔腾的企业之流就会停止。班组也是一样,作为企业发展单元的最小单位,只有班组进步,企业才能进步。一个班组长能力再强,也不可能把班组所有的工作都做好。所以,人尽其才,才是最重要的。人是真正牵制设备故障发生、物料是否齐全、工艺是否达标、环境是否良好的直接决定者。现代企业的管理其实就是以管理人为中心的管理。作为一个班组长,要习惯组员的各种思想,包容各种不同的习惯,汇集起组员各自的长处把工作做好,各司其职,同时相互评比、相互进步,达到共同提高的目的,也使组员有自我表现的动力,以达到自我价值实现的目的。

一、班组人员管理的原则与要点

管理者的首要能力就是清楚地知道自己在组织中的位置。班组长要清楚地了解自己所扮演的角色,作为班组人员的直接管理者,角色是领导者、是教练,也是合作者。

另外,班组长要明确自己的管理权限,指挥和管理本班组的生产经营活动权、劳动组织调配权、完善制度权、拒绝违章指挥和停止违章作业权、职工惩罚建议权、奖金分配权、举荐权、维护职工合法权益权。作为一个班组长,要在自己的权限范围内管好自己的组员,让每个人发挥自己的能动性,为他们创造一种好的环境,让他们舒心、安心地工作。

(一)班组人员管理原则

1. 承认个人能力和兴趣上的差别。每个职工的生活、学习背景、工作经历不同,很多时候不同的人站在不同的角度看同一个问题可能会有不同的结果。

2. 承认人的行为都是有目的性的。行事要目的正当,目标明确,计划周全,执行坚决。

3. 每个人都应该得到同等的尊重。每个人都需要获得尊重,每个人也都需要尊重他人。尊重不是流于嘴上的唯唯诺诺或无端夸赞,更不是溜须拍马的曲意迎合,真正的尊重是发自内心的。尊重职工是一个管理者最基本的素质。

4. 以正面态度对待每名职工。在工作中,不能只靠命令让职工去工作,而是要让职工自愿去工作,去接受和认可这种工作方式,而这其中管理者的态度至关重要。不屑、轻视、无所谓的态度在人员管理上要坚决杜绝,要努力做到"以情带班,以理服人"。

5. 管人先管己,带人先带心。作为一个管理者,想要控制局势,管理他人,首先要管理自己。只有那些懂得为人处世,能够时刻保持镇静,在任何形势下都能坚持自己立场的人,才能赢得他人的信任,得到他人的尊敬与认可。其身正,不令而行,其身不正,虽令不从,以自己的行动去带动别人,要求别人做到的,自己首先要做到,要他人遵守的,自己率先遵守。要想管人,先管自己,只有这样才能服人,才能真正赢得下属的心。当然,我们所说的管人先管己,并不仅仅是以身作则,更多的是指管理者内心的修炼,品质与影响力的提升,打铁还需自身硬。只有先学会管理自己,使自己变得让人敬服,才能让人心服口服。

(二)班组人员管理要点

1. 公正合理,做到一视同仁。这是处理与职工关系的重要原则,也是赢得职工信任的重中之重。职工发现你能公平公正地对待他,他一定会心情舒畅,干起活儿来,也必是斗志昂扬。反之,如果发现你"偏心眼儿",偏向的一方可能没有怨言,但另一方肯定会怨声载道,那么作为班组长的你就可能会"众叛亲离"。所以,在职工犯错误时,千万不能有亲有疏,处理问题要对事不对人,要一碗水端平。根据规章制度,该怎么处理就怎么处理。

2. 分工明确,同时又要密切协作。在工作中,我们都会遇到这样的问题,有的职工会认为既然分工明确,那么不是自己的工作就不应该干。然而这种想法是错误的,工作是有分工,但也要有协作。很多工作是需要多人、多班组配合共同完成的,如果都按分工来干工作,那些交叉、共性的工作就没有人来做,班组各项工作是不能完全、绝对割裂、细化的,分工负责和协作配合一定要统一起来。一方面要做好本职工作,尽好本职责任,另一方面尽己所能,积极主动配合做好其他工作,把自己定位于单位整体的一部分,画好最大同心圆。分工明确,才不会杂乱无章,协作配合,才能把一件事干得更好。

3. 真诚守信,做到言出必行。与人交往,一定要诚实可靠,避免说大话,做不到宁可不说,要言行一致。管理者与一般职工最大的区别在于职工是执行指令的人,管理者是解决问题的人。解决问题就是拿出结果,避免不断解释和找借口。少说漂亮话,多做实际事。言出必行,说到做到。把握好两点:一是出言要慎,二是努力信守。

4. 激励适当,促进工作不断改善,个人不断得到发展。建立良好的沟通渠道,倾听职工的意见,增强职工的归属感和工作热情。营造积极的工作氛围,给予适当精神鼓励或物质激励,这样可以让职工感到自己的努力得到了认可和回报,从而增强工作动力和热情,激发无限潜力。

5. 针对不同的职工,采用不同的管理方法。实际工作中,各种类型的职工都有,有的人擅长领导指挥,有的人踏实肯干,人尽其才是非常重要的。

二、协调沟通

(一)沟通对班组管理的意义

良好的沟通，是维持班组团队、融洽班组关系、组织作业的基本条件和要素，对于改善管理、促进班组建设有着重大的意义。

1. 良好的沟通有利于工作的顺利开展。日常工作的布置、开展、考核、评价等都需要班组长与班组成员之间能很好地交流和沟通。通过有效的沟通确认工作目标、认可工作目标，达成一致，并为之共同努力。

2. 良好的沟通有利于创建愉快的工作氛围。人们每天有 1/3 的时间在工作中度过，轻松愉快的工作环境可以使人减轻工作压力、提高工作质量，通过沟通联络班组成员感情、获得相互有利的信息、学习先进的技术和经验，从而不断提高班组凝聚力。

3. 良好的沟通有利于增进部门之间的联系。现代企业工作的科学性、严密性和流畅性，使得部门之间的合作越来越密切，联系越来越广泛，这就对沟通提出了更高的要求。良好的沟通有助于班组进一步了解企业内外环境，正确认清班组在企业中的位置和作用，从而明确自身的发展目标。同时上下级间的感情联络与相关部门的协调配合，也都离不开有效的沟通。

4. 良好的沟通有利于激发职工的工作热情。通过沟通，班组长可以很好地了解班组成员的个性、特长和心理需求，在班组工作中用其所长、避其所短，有效地激发班组成员的工作积极性，振奋精神，提高工作效率。

5. 良好的沟通有利于开发职工的创新能力。沟通渠道畅通，有助于建立良好的讨论氛围，班组成员通过相互讨论、相互启发、共同思考，能够很好地激发想象力和创造力，共同解决工作或生活中的困难。

(二)班组良好沟通

对于班组长而言,和职工有良好的沟通是很重要的。沟通法则"刺猬法则"讲的是两只困倦的刺猬,由于寒冷而拥在一起,由于彼此被对方刺痛,便离开对方一段距离,但是又冷得受不了,于是又凑到一起。几经尝试,两只刺猬终于找到合适距离,既能获得对方的温暖又不会被扎。这就是人际交往中的"心理距离效应"。也就是说,班组长既要与班组成员保持亲密关系,又要保留一定心理距离。沟通过程中班组长要关心职工并善于听取职工的意见和建议,在决策时应广泛征求职工的意见。另外,沟通是从心灵上挖掘职工的内驱力,为其提供施展才华的舞台,它能缩短职工与班组长间的距离。良好的沟通需要满足以下五点:

1. 双向互动的交流,既要表达也要反馈。几乎每位职工都会在乎管理者的反馈,良好的反馈能激发出人们沟通的积极性,而不适当的反馈容易挫伤沟通的积极性,同时也要鼓励职工积极主动地加强和管理者的沟通。

2. 传递的信息明确。沟通的目的是传递信息、表达观点和达成共识,因此沟通时要注意语言表达的清晰度和准确性,尽量避免使用模糊的词语,要确保自己的意思被准确地理解。

3. 谈话是建设性的。欠缺建设性的沟通,不是不沟通,而是不行动。坐而论道,拒绝行动,是没有建设性的表现。只要沟通可以推动事物向前发展,比如将问题解决一点,把共同目标往具体落实一点,那它就是具备建设性的。

4. 求同存异,达成共识,能够共同行动。不要总想着在一场沟通中获胜,要避免人身攻击,通过倾听、重述、确认三步法确保自身所理解的内容与对方想要表达的一致,不要把沟通浪费在"我以为你是这个意思"上。

5. 即便双方保留自己的意见,也要保持融洽的氛围。良好的沟通要善于接受不同的意见,即使有反对意见,也要耐心倾听,保持融洽和谐气氛，使沟通正常进行，不可缄默不语，更不可夸大事实。

三、职工士气提升

职工士气，在很大程度上决定了整个团队的执行力。士气会传染：士气高涨，便于建立信任、尊重、自助和认同的管理环境；士气低落，存在偏见、拉帮结派、不公正的管理环境，会扼制职工执行力和工作能力的发挥。

一个团队，虽然拥有士气不一定会赢，但如果没有士气，那就一定会被打败。想要更好地留住人才，激发职工无限的潜力，带出一支高效的团队，创造出更多的效益，那就需要做好职工士气管理工作。

（一）完善合理且公平、富有竞争的薪酬机制

激励的作用是巨大的。适时的激励，可以使职工同心同德、众志成城，提高工作绩效。对于班组长来说，激励似乎很难实施，这是因为手中缺少权力，特别是在物质奖励方面，班组长一般没有最终的决定权。但正因为这样，在有限可利用的资源的前提下，能够对班组组员进行适当激励，有效提升班组士气，就更能体现班组长的管理能力。

如果职工在公平公正的环境中，知道完成某项目标可以得到相应的奖励，那么他今后就会努力达到目标。物质奖励是最为直接的奖励方法，能够让职工真真切切地感受到。所以让薪酬制度与职工的激励机制相结合，让奖励及升迁等都依照个人工作表现来评估，能够激发职工积极向上的发展精神。

（二）身先士卒，带头把职工士气振作起来

俗语说："强将手下无弱兵"。一个高效的领导才能要求职工高效。一个领导如果有较强的做事能力，那么他更容易在团队中树立自己的权威。用领导的热情带动职工的热情，带头用自己的言行举止、自己的思想情感来影响职工，鼓舞士气。

(三)收集反馈,尊重每个人的意见

收集团队的反馈意见,并向他们展示你认真聆听了他们的反馈,是提高士气的一个好方法。当职工觉得自己的意见被认真聆听时,会在工作上更加有动力。也可以建立一个匿名的职工敬业度平台,或进行非正式的团队会议,采用任何方式都可以,你要向职工表明他们的意见是被重视的。不要忘记对于收到的反馈采取行动。即使你没有执行每一条反馈意见,也要谢谢他们的反馈并给予回应。

(四)认可和赞美是鼓舞职工士气的法宝

管理上将激励方式分为两类:物质激励与精神激励。如果一个人的积极性按100%计算,用物质激励只能提高其60%的积极性,而另外40%的积极性要靠精神激励。自古以来,大凡优秀的管理者,都善于激励他人。尤其是年轻的职工,更多的要通过精神激励来承认他的价值,尊重他。作为一名班组长,应该把这两种激励方法有机地密切结合,调动职工的主观能动性和工作积极性。管理者对职工的赏识是一种成本最低的激励方式,有时一个眼神、一个动作、一句话都会给职工以极大的激励。表扬的关注点,可以是职工的成长。例如"小王你干得不错",听到这句话,小王今天上午的心情一定会非常好。比如"不错哦!你的成长速度非常快!"之类的语句,传达出了"我注意到了你的变化"这个信息。你的一个赞许的目光,甚至在适当的场合中对职工轻轻拍一拍肩膀,会让职工觉得工作得到了充分肯定。所以如果职工做得好,那就不要吝啬你的赞美和表扬了,得到认可的职工会感觉被尊重、被赏识,从而提高士气。

第四节 班组目标管理

目标就像一面迎风飘扬的旗帜,大到企业,小到班组,没有目标的指引,就没有行动的方向。同理,无论是做事还是管理,都必须在目标的指引下才能进行。如果一名班组长不懂得目标管理,不懂得给每个班组成员制定目标,那就无法领导这个班组准确、有序地达成企业分派下来的目标。所以,要想成为一名优秀的班组长,就必须先从目标管理做起。

一、目标管理概述

没有目标,自然无法制定计划。目标可以有效地引导计划的制定过程,在缺乏目标的前提下制定的计划是盲目的,没有实际意义的,只有根据目标制定出的计划才是有章可循的。正因如此,班组长对于目标管理的认识就显得非常重要。

1. 目标管理的定义与理论

目标管理还可以称为成果管理,它是指以目标为导向,以人为中心,以成果为标准,而使组织和个人取得最佳业绩的现代管理方法。目前,目标管理已经形成一种管理制度,这种制度着重体现为:凡是工作状况和成果直接严重影响着企业的生存和繁荣发展的地方,目标管理是必要的,而且希望领导者所能取得的成就必须来自企业目标的完成,他的成果必须用他对企业的成就有多大贡献来衡量。

目标管理理论主要包括以下四点:

(1)目标管理是参与管理的一种形式

管理不仅是一门科学,也是一门艺术,它其中的一大功能就是控制功能,而目标管理就属于控制功能。

(2)强调自我控制

人是有目标性的,目标管理就是用“自我控制管理”代替“压制性的管理”。

(3)管理权力下放

领导者将自己的权力下放,不仅可以激发员工的创造能力,还可以为员工创造一个舒适的工作舞台。有了目标管理，员工就会按照目标去自主做事，不需要管理者再使用手中权力去强制。

(4)效益优先

一般来说，传统的管理方式往往容易犯主观主义错误。而目标管理的目的是体现效益。所以，效益优先也是目标管理的重要理论。

2. 目标管理的意义

目标管理的意义是什么，很多人只能说出目标管理意义重大，却无法给出一个系统性的说法。对于目标管理的意义，可以系统地归纳为四点。

(1)班组成员从事共同劳动的需要

班组作为一个组织，它是班组长和所有班组成员共同劳动的结合体，在班组中由于劳动分工的不同，各个成员从事各种不同性质的工作。而班组长要组织班组成员在分工的基础上从事共同劳动，就必须把所有班组成员的行动统一起来，才能保证劳动有计划、有成效地进行。那这个统一的基础是什么呢？是班组的目标。因为只有有了目标，所有班组成员的劳动才能在分工的基础上达到协调一致。

(2)组织宗旨具体化的要求

班组的宗旨就是服务整个企业，以良好的生产活动来为企业的发展提供有力的保障。一家企业对班组有什么样的要求，班组的目标就是什么样的。

(3)从事一切管理活动的依据

班组的目标既是活动的出发点，也是管理活动所指向的终点。班组长在从事计划、组织、领导和控制等管理职能时，班组的目标就是其管理的基本依据，同时也是考核管理效率和成果的依据。

(4)激励班组成员积极性的手段

目标管理思想强调目标的确定应是班组长与班组成员协商一

致的结果，目标的贯彻强调以班组成员自我参与、自我控制的办法，以便发挥目标的激励作用。这也正是目标管理的可贵之处。因为它可以有效激发班组成员工作的积极性、主动性和创造性。尤其是在班组目标被所有班组成员广泛认可时，目标的激励作用就可以充分发挥出来。

3. 目标管理的目的

目标管理的目的是对目标管理意义的细化，目标管理的目的有以下三个方面：

(1)对组织(企业)：主要表现为经营理念、方针的实践，重点集中的经营活动，对工作环境变化的快速应对。

(2)对管理人员：激励员工集中资源发挥优势"兵力"，明确任务、责任体制，部门之间自主的弹性运营。

(3)对员工：责任分担制下积极地接受挑战，在适度的挑战目标下提高工作能力，提升员工的参与意识和创新精神，公正地评价成果。

从目标管理目的所涉及的这三个方面可以看出，说组织，可以理解为班组；说管理人员，可以理解为班组长；说员工，可以理解为班组成员。所以说，这是一个准则，无论是大到集团公司的目标管理，还是小到班组的目标管理，都同样适用。

二、目标管理的分类及制定原则

在班组管理中，班组成员表现得怎么样，取决于班组长在目标管理方面的表现。如果班组长不懂得目标管理的精髓，那班组中就会显得矛盾重重。而目标管理的精髓就在于了解目标管理的分类和制定原则。

1. 目标管理的分类

目标管理并非单一的，它会根据目标内容的不同而有所区别，最为常见的分类是业绩主导型目标管理和过程主导型目标管理。

这是依据对目标的实现过程是否有所规定来区分的。其中,业绩主导型目标管理是主流,大部分企业都采用的是业绩主导型目标管理。

此外,目标管理还可以分为组织目标管理和岗位目标管理、成果目标管理和方针目标管理。前者是针对目标的最终承担主体来划分的,后者是依据目标的细分程度来划分的。

2. SMART 制定原则

制定任何目标都需要遵循一个原则,即 SMART 原则。SMART 原则是五个英文单词的首字母缩写,Specific(明确性)、Measurable(可衡量性)、Attainable(可达成性)、Relevant(相关性)、Time-bound(时限性)。

(1)明确性

班组长在制定目标时,一定要保证目标的明确性,要让班组成员一听就知道达成这个目标所需要的行为标准。切不可给人一种笼统的感觉,因为模棱两可的目标是最容易让人在执行过程中无所适从的。比如,目标为“增强服务意识”,它就很笼统,而“把客户的投诉率从 3%降低到 1%”这个目标就很明确,后者比前者所取得的效果要好得多。

(2)可衡量性

班组长在制定目标时,一定要保证目标的可衡量性,也就是说,有数据或指标可以对目标进行量化。比如说,“提供更优质的服务”,这作为一种目标,就缺乏可量化的数据,违反了可衡量性的原则。什么样的服务才算优质?达到了什么要求就是优质?这些都没有提出来。

(3)可达成性

班组长在制定目标时,一定要符合实际,切忌好高骛远。如果制定的目标根本无法实现,则会给班组带来很大的伤害,还会降低士气。

(4)相关性

班组长在制定目标时,必须保证目标和班组的生产工作之间存在很大的关联性。简单举个例子,一个班组的工作内容是对旧技术进行升级更新,而如果制定的目标是确定提升服务,这两者之间就不存在相关性。

(5)时限性

班组长在制定目标时,一定要有时限性。没有时间限制,项目的进度就无法掌握,项目完成的期限更难以掌控。比如制定的目标是完成对服务系统的全面升级,由于没有时限性,班组成员自然无法得知什么时候需要完成升级。而如果制定的目标是在具体某年某月某日前完成服务系统的全面升级,那就让整个班组在时间方面拥有了明确而具体的工作目标。

三、目标管理运行程序

不懂得目标管理的运行程序,就无法成为一个合格的班组长,因为连运行程序都不懂,怎么可能让目标管理有序进行呢?不少班组长因为没有经过系统的培训,他们对目标管理的运行程序根本没有掌握,总是靠自己的意愿来行事,这也使他们感到事倍功半,疲惫不堪。

目标管理就是自己根据企业、车间的总目标,而建立起特定的工作目标,并负责计划、执行、控制、考核的管理方法。而这一管理方法要始终植根于自己的班组。

对于目标管理的运行程序,可以分为三个步骤来进行。

1. 制定目标

目标管理的第一步是制定目标,这是一个非常系统的工程。首先是要制定总目标,就是整个企业的大目标,虽然这一过程中班组长没有决策权,但有参与权。当总目标制定出来后,其他部门、车间就会对总目标进行细化,并最终确定班组的目标。

2. 细化目标

班组目标确定后，班组长还要进一步将班组目标进行细化，落实到每一个班组成员身上。当然，班组成员对于班组的目标也有参与权，他们可以和班组长一起讨论，以便达成更合适的分工协议，使计划更具备可行性。

3. 实现目标

目标制定和分配完成后，接下来就要进入第三步，实现目标的过程。班组长要督促班组成员尽快实现前期分配的各种任务，这一过程是班组切实进行目标管理的过程。在这一过程中，班组长必须以目标管理计划为依据，为每个班组成员做出详细清晰的工作安排，这是做好目标管理的重要一步。同时，班组长不仅要让每一位班组成员每天都问问自己“我能够具体做些什么来实现今天的目标?”“今天的时间应该怎么利用，有哪些工作是需要马上去做的?”诸如此类的问题，班组长自身也要问自己这些问题。这样可以使整个班组更加明确自己的目标。

很多班组长发现班组成员虽然都非常明确自己的目标，但在实施的过程中进展缓慢、拖沓，毫无计划，这不仅导致个人目标无法实现，还会连累班组目标难以实现。其实，出现这种现象，班组成员自身肯定存在问题，但班组长在目标管理过程中没有尽到责任。

曾经有一位企业管理专家做过一项实验，他从一家大型企业找来 30 名能力相当的员工，将他们分为 3 个组，分别为 A 组、B 组和 C 组。他要求每个组的员工在半个月内完成 3 篇活动策划，若过期不交，则成绩为 0 分。不同的地方在于，这位专家让每组员工上交活动策划的时间存在着不同之处：A 组的员工可以在 15 天的最后一天交上所有的 3 篇活动策划；B 组的员工可以自行安排每篇的上交时间，只要在 15 天内交上所有的活动策划就可以；C 组的员工需要每 5 天必须上交一篇活动策划。半个月后，管理专家对每组员工上交的活动策划进行了评分，C 组的成绩最好，B 组的成绩次之，A 组的成绩最糟糕，并且感觉压力太大。

为什么能力相当的员工，所取得的成绩却截然不同呢？因为 C 组的员工知道每 5 天必须完成一篇策划，所以可以有条不紊地安排自己的工作进程，他们的策划稿是在一种轻轻松松的氛围中完成的，所以成绩不错。B 组的员工由于是自行安排时间，他们知道如果把 3 篇策划都放在最后写，那肯定无法保质保量地完成，所以应该提前做好准备，当然也不乏个别员工把 3 篇策划都放在最后写，所以，B 组的成绩不如 C 组优秀。A 组由于可以放在最后一天完成，所以很多人到了最后日期才匆匆忙忙写策划，当他们望着庞大的工作量时难免会感到压力巨大，而且容易心烦意乱。在这种情境下，他们就会产生一种敷衍了事的消极心态，写出的策划稿质量自然糟糕不堪。

这个故事充分说明了目标管理的重要性。所以班组长在进行目标管理时，一定要让各个期限内的目标按时实现。建议班组长制作一张任务待办单来为自己的目标管理工作保驾护航。

任务待办单是一张很简单的表格，它包括"优先顺序""目标内容""完成情况""备注""工作开展""评估"等内容。在填写时，首先要列出当天或者第二天打算完成的工作，并把这些工作事项按重要、紧急程度排列出来，最重要、紧急的事项放在开头，其他次之。任务待办单不仅班组长可以使用，班组成员同样可以使用。如果能形成一种使用制度，那就再好不过了。

四、做好目标管理的执行

目标管理虽然重视结果，强调"岗位主人翁意识"，但这并不意味着班组长就可以放手不管，尽管让班组成员去完成自己设定的目标。相反，班组长更应该在目标管理的执行过程中发挥主要作用。

要想保证目标管理的顺利执行，班组长必须具备相应的管理基础，同时还要有以身作则、率先垂范的领导意识。此外，还要保证文化建设与目标管理相呼应、信息管理要跟上，因为这些都是搞好目标管理的必要条件。只有有力推行和长期坚持才能取到最佳效果。

目标管理的执行还需要班组长在执行过程中遵循三个原则，这三个原则是保障目标管理顺利执行的基础。

1. 目标制定必须坚持科学合理原则

目标管理能不能产生理想的效果、取得预期的成效，首先取决于目标的制定是否科学合理，这是目标管理的前提和基础。如果做不到这点，就会脱离了实际的工作目标，轻则影响工作进程和成效，重则使目标管理失去实际意义，影响企业的发展大局。

2. 督促检查必须坚持贯穿始终原则

目标管理的重点在管理。这也是很多班组长比较容易出错的地方，甚至有些班组长把工作的重点放在目标制定上，却忽略了管理。再好的目标脱离了管理，都会成为一种空谈。所以班组长在对目标管理的执行过程中，必须随时跟踪每一个目标的进展，发现问题要及时采取正确的补救措施，确保目标运行方向正确、进展顺利。也就是说，班组长是目标运行过程中的掌舵人。

3. 考核评估必须坚持执行到位原则

执行目标管理是否规范、准确，需要经过严格的考核评估才能得出结论，也就是说，考核评估是目标管理执行结果的基石。班组长在对目标进行考核、评估、验收时，必须严格按照目标管理方案或项目管理目标，逐项进行考核并作出结论。如果班组成员的目标完成度高、成效显著、成绩突出，应给予适当的奖励。如果班组成员的目标完成度低、失误多、成本高，甚至影响了整个班组的目标进程，就需要对其进行适当的处罚。

总之，目标管理的执行过程关系着目标管理的成败，必须花费极大的精力和心思去做才行。如果对于这一过程不重视，就难以完成目标管理，并且永远无法成长为一个优秀的、合格的班组长。

五、目标管理的追踪

目标管理追踪的目的是发现目标执行过程的偏差，以做适时、及时的纠正。同时，班组长还可以在追踪过程中，通过采取各种手段来激发班组成员的责任意识，为自己和班组成员提供更多的交流机会。

为什么很多班组长都会产生制定目标没有用的想法？也正是因为这一想法，很多班组长在目标管理时会觉得手足无措。其实，觉得制定目标没有用，是因为两个方面。一方面是目标经常变。无论是企业还是班组，每年、每季度、每月都会制定目标，但同时目标还会不断变化，这就使目标失去了严肃性，很多班组长在心里会觉得即便现在制定了目标，将来还会变，一旦变化，自己前期的目标就被打乱了，所以还不如不进行目标管理，干一天算一天。另一方面是班组长不关注目标的结果。不少班组长把目标制定好后，再给各个班组成员分派下去就算完成了目标管理，至于目标落实得怎么样，他们并没有及时进行修正和评估，也就是说完全没有目标管理追踪。

目标管理的追踪应该分三步走。

1. 搜集信息

搜集信息的方式有很多种，以下列举几种比较简单易行的。

(1)召开定期会议

不少班组虽然也会每周或每天都召开一次会议，但很多班组长把这些会议当成了例行公事，在会议上只是走个过场，并没有认真进行研讨，这自然无法获得有用的信息。班组长在召开会议时，应该主动提出一些有价值的问题，比如询问每个班组成员的工作进度，让他们给出细致的回答。同时还要让班组成员自发地提出问题，比如工作中遇到的困难以及需要在哪些方面得到帮助等。会议一定要做好记录，这一点非常重要。

(2)建立定期的报告、报表制度

报告、报表可以清晰地反映目标的实施进度，很多班组并没有这种制度，一般都是以口头汇报为主，这样是不行的。一定要形成一个统一的报告、报表制度，这样就可以收集到详细的信息，并且可以随时查阅。

(3)现场的检查和跟踪

班组长虽然是班组的管理者，但不能只是发号施令，还要经常在现场走动，对班组成员的工作情况进行检查和跟踪，如此才能在生产前线获得更多真实有效的信息。

上面这几种方式其实并不复杂，关键是要能细致并且不断坚持。

2. 给予评价

给予评价是目标管理追踪的第二步，在目标管理追踪过程中进行评价需要注意以下三点。

(1)定期追踪

班组长每天的工作都很多，各个方面都要负责、操心，很多时候忙起来甚至连基本的睡眠都难以保障，这也导致很多班组长的追踪无法定期、定时进行，就会让班组成员在不追踪时产生松懈心理，不利于目标的实现。只有将追踪视为一种常态，组员才不会产生松懈心理。

(2)分清楚工作的主次

班组中的大小事务几乎都要班组长负责，如果每件事都追踪的话，班组长自然分身乏术，顾得了头顾不了尾，顾得了东顾不了西。所以班组长在追踪过程中一定要分清目标管理的主次，对重要的事一定要定期检查，而次要的事则不定期抽查。

(3)找原因

避免只做机械式的业绩和目标的比较，应当发掘发生偏差的原因。班组长不能将工作情况和目标进行对比,就做出好还是不好的评价,应首先分析班组成员目标出现偏差或滞后的原因,然后再做评价。

3. 及时反馈

及时反馈是班组长进行目标管理追踪的第三步。班组长在对目标管理进行追踪的过程中获得情况、信息、心得等,必须及时反馈给班组成员,以便让他们知道自己表现的优劣所在,寻求改善自己缺点的方法,使自己习惯于自我工作追踪及管理。如果不能及时反馈,那在追踪过程中所获得的一切有价值的信息都失去了根本意义。

班组长在追踪过程中,发现有的成员目标达成不理想,可以提建议,告诉他如何能更好地达成目标;有的成员工作偏离了目标,这时班组长就要适时指出,使他意识到这一点并进行调整。

六、目标管理的修正

对于目标管理的修正,原则上不建议进行,要尽量避免修正或更改目标。只有当这三种情况发生时,才可以进行目标管理的修正。一是外界形势政策发生了很大的变化,这时目标自然无法按时达成,需要进行修正、更改。二是企业内部某些因素导致的目标管理必须进行修正、更改。比如说机构变化、人员调整等,这种情况下班组的目标肯定也要进行修正、更改。三是遭遇突发事件,目标达成受到阻碍。比如说出现安全事故,这也会导致目标管理需要进行修正、更改。

那么,班组长在对目标管理进行修正时,又要注意什么呢?

目标修正首先要提出申请,在申请书中写明需要修正的目标内容或数量,当然,还要陈述清楚修正的原因。申请书上交给上级管理部门或上级领导,经上级管理部门或上级领导签署意见后,这个目标修正申请会在部门例会中进行讨论,班组长也可能会参与其中，当需要班组长发言时，班组长必须陈述自己的理由，并说明应该将目标更改成什么才符合班组和企业的目标管理要求。

在部门例会中将更改后的目标确定下来后，此时上级领导会进行批准，然后目标管理进入正式的修正阶段。在修正过程中，班组长需要修改目标管理卡以及相关文件。当目标管理修正后，班组长还要及时将新的目标传达到班组的每一个成员，以便他们能在第一时间更改工作计划。

目标管理的修正工作是一个非常繁杂、系统的工作，它需要耗费大量的精力、时间和人力。所以不到万不得已最好不要进行目标管理修正。但一旦进行目标管理修正，就必须保证一次到位，不得再三往复，否则就会造成巨大的成本浪费。

相比于目标管理的执行、追踪，目标管理的修正更能考验一个班组长的工作能力。所以，建议所有的班组长要想强化个人能力，在做好目标管理的执行、追踪时，最好还能多学习一下关于目标管理修正方面的知识。虽然目标管理修正平时很难遇到，但一旦遇到，基本上都是形势非常紧急的情况，此时如果能出色地完成修正任务，一定能脱颖而出。

第二章　班组长素质提升

作为“兵头将尾”的铁路班组长，在铁路企业中起着承上启下的关键作用。如果说班组是企业的“细胞”，班组长则是“细胞”中的“细胞核”。班组长既是班组安全生产、班组管理与班组建设的领导者和组织者，又是各项工作的执行者，其素质和能力高低直接关系企业的生产、经营、安全、发展。在当前铁路高质量发展的新形势下，全面提升班组长的基本素养，对加快铁路企业现代化建设具有十分重要的现实意义。

第一节　班组长角色认知

一、班组长的自我定位

班组长在工作中面对上级是执行者、责任者；面对下级是领导者、指挥者和教练；面对同级是合作者。班组长要充分调动全班组人员的主观能动性和生产积极性，合理地组织人力、物力，使班组生产均衡有序地进行，最终做到按质、按量、如期、安全地完成上级下达的各项生产任务。班组长应在车间的领导下，负责班组的全面工作，按照班组长职责开展工作。

班组长的工作是将生产资源投入以生产出成品的管理。班组长对现场的作业人员、材料、设备、作业方法、生产环境、操作安全等生产要素直接指挥和监督，以达成企业的各项管理目标。

班组长作为班组生产管理的直接指挥者和组织者，对上级决策和管理层意图的实施、单位任务的实现、各项工作的顺利进行、班组的质量安全等起着关键性的作用，是企业生产的骨干力量。归纳起来，班组长在企业生产经营活动中的定位主要体现在以下五个方面：

第一，班组长是企业生产的一线指挥员；

第二，班组长是企业管理的基层组织者；

第三，班组长是安全规章制度的执行者；

第四，班组长是班组安全建设的带头人；

第五，班组长是直接管理者，是组员的知心人。

二、班组长的角色认知

班组长是企业领导与职工相互联系的纽带，承担着班组安全管理、生产组织、质量管理、队伍建设、思想政治工作等多方面的重要职责。班组生产效率的高低、管理的强弱，班组长起着至关重要的作用。

1. 班组长的定义

班组长是企业内部安全生产、服务管理班组的班长、组长、工长、生产作业组长等最基层的一线组织管理人员。作为班组第一责任人的班组长必须清晰认知并把握好自己的角色，针对不同角色锻炼好自己的各项能力。

2. 班组长的作用

班组长是企业最基层的负责人，是一支数量庞大的队伍，在企业中有着非常重要的作用。班组长的职位虽小，但在企业的安全、生产、经营、管理和组织职工学习以及提高职工素质、加强职工队伍建设方面起着重要作用。

(1)示范引领作用。班组长的行为、形象会对班组产生一定的影响，班组长要组织、带头完成所承担的生产任务，因此，班组长要率先垂范，充分发挥模范带头作用。

(2)组织管理作用。班组的生产、思想工作等都要通过班组长的组织实施才能完成,进而实现运输生产的安全、优质、高效、低耗等目标。班组长组织管理能力的强弱,决定着班组劳动生产效率的高低。

(3)桥梁纽带作用。班组长在企业中起着承上启下的作用,既要及时准确地把上级的指示精神传达给职工,并认真贯彻落实,又要向上级反映班组工作中的实际情况,提出自己的建议,做好上级领导的参谋助手。

(4)技术能手作用。在企业的生产劳动过程中,班组长必须是班组中的技术业务能手,具有攻坚克难、迎难而上的精神和提高班组技术水平、工作效率的本领。

(5)团队建设作用。班组生产任务的完成要依靠班组成员的团队精神和能力。班组长不仅要自己会干,还需要把班组建设成和谐团结、开拓进取、勇于创新的优秀班组。

3. 班组长角色定位

班组长要做好角色定位,才能打牢管理基础。班组长具有双重角色:既代表领导者一方,又代表职工一方;既是安全生产的指挥员和组织者,又是安全生产的监督者和落实规章制度的责任人。因此,班组长是“兵头将尾”。“兵头”反映的是班组长的职责与权力,影响着决策的实施,要带领班组成员完成生产任务;“将尾”反映的是班组长的实际地位,指班组长是管理指令的最终执行者,要承担的是最基层的管理责任和指挥责任。班组长要对自己的角色有清晰的认知,才能更好地处理与上下级的关系,充分发挥班组长的作用,提高班组的整体工作能力。

班组长在面对不同的管理层级和内、外部关系人员时,有不同的角色定位。

(1)面对班组成员,应站在代表管理者的立场,做好监督管理工作。对现场的班组长来说,应对班组生产(运营)状态和生产(服务)活动进行领导和指挥。这项管理工作是代表企业的管理者实施的,所以要体现管理者的意志。班组长代表管理者实施监督管理,目的是使班组现场活动朝着良好方向发展。

(2)面对同级人员,应站在合作的立场,做好协同合作。在企业中,班组长面对本部门的同级人员或其他部门的同级人员,以及相关班组长或相关职能部门的工作人员时,要加强沟通、互通有无、协调合作、采长补短。

(3)面对中层管理者,应站在下属的立场,接受指令,同时汇报工作。班组长是中层管理者的下属,要做到明确上级的指令和任务,同时重视向中层管理者汇报工作。一般来说,接受的指令是生产指令,而汇报是把工作状态和工作结果定期反映给上级,如工作现场组织以及生产任务完成情况、班组安全形势与班组创新活动及方案、对有能力的人员进行加薪和调岗的建议等。适时汇报可对上级工作起到辅助作用。

(4)面对高层管理者,应站在下级以及班组成员的立场上,在服从上级的同时,主动提供基层的信息。班组长面对高层管理者要按照上级指示和命令行事,同时,也要站在基层班组管理者的立场上开展工作。高层领导在其工作岗位上不一定掌握最准确最实时的基层信息,对于工作现场的实际情况,进行基层管理的班组长比上级了解得更清楚、更详细。所以班组长主动提供信息、陈述意见、协助高层管理者做出恰当的判断至关重要。

(5)面对外部关系人员,应站在企业的立场,做好企业的宣传者。班组长在直接面对外部关系人员时需要及时转换自身角色,树立强烈的主人翁意识,注意维护企业利益与形象,在企业的立场上考虑问题,做好各项服务工作。

4. 班组长的职责和权力

(1)班组长的职责

①安全管理职责。班组长是本班组安全生产的第一责任人,

负责领导本班组贯彻落实安全生产方针，牢固树立“安全第一、预防为主”的安全理念，落实各项安全责任制，严格执行安全法律法规和技术规章，抓好全员、全过程、全方位的安全生产管理，确保当班人员持证上岗，负责排查并及时处理安全隐患，严把安全生产第一道关口，筑牢安全生产第一道防线。

②生产管理职责。负责领导本班组切实增强“精细、高效、文明”的生产意识，科学组织运输生产，落实作业指导书、操作技能岗位人员安全生产责任制，合理配置生产要素，抓好现场定置管理，狠抓节支降耗，提高生产效率，按时完成运输生产任务。

③质量管理职责。负责领导本班组牢固树立“质量就是安全、质量就是生命、质量就是效益”的理念，加强质量标准化建设，抓好全面质量管理，全面提高工作质量。

④其他职责。负责领导本班组的团队建设，争创学习型班组；做好班组思想政治工作，关心并帮助职工解决实际困难；组织开展岗位练兵和技术业务学习，提高班组整体业务素质；落实职工绩效考核和分配制度；加强组织协调，在实践中不断提高管理水平；加强自身建设，注重业务学习，提高技术水平，做到自身技能过硬，带头完成生产任务，为班组树立榜样。

(2)班组长的权力

①安全管理权。有权检查组员安全作业情况，制止和处理组员违章作业，拒绝违章指挥，在遇到不具备安全生产条件且自身无力解决时拒绝开工或停止生产，以保证组员生命安全和生产安全。

②生产组织权。有权根据生产目标要求，落实计划，分配任务；有权进行现场指挥协调，合理调配人员、机具、物料。

③考核分配权。有权按照“按劳分配”原则和上级规定，对班组成员工作绩效做出评价；提出本班组成员绩效工资分配的建议，对违反班组考核办法规定的组员提出处罚建议。

④其他工作权力。有权完善本班组工作的具体办法和实施细

则等各项管理制度，向车间提出合理化建议等。

5. 班组长角色把握

班组长只有具备了适时进行角色转换的能力与素质，才能切实提高管理绩效。班组长的职业道德和综合素养直接影响和制约着班组管理水平的提升。为了有效规范和促进班组管理，班组长应着力塑造好自己的多面角色，准确把握好自己的不同角色。

(1)班组长应是安全生产的“掌舵手”

班组长务必牢固树立安全第一的意识，时刻注意带头克服安全意识疲劳问题，将安全“盯在眼里、刻在心上，挂在嘴边、握在手中”，对安全风险关键项点和安全风险卡控办法了如指掌，当好舵手，确保本班组安全生产零事故。在日常工作中，要有针对性地发现和分析班组管理中存在的各类问题和安全隐患，并严谨地按照类型、程度和性质等要素进行分类，全面消除各类不安全因素，班前提示安全、班中检查安全、班后总结安全。带领班组成员将安全内化于心、固化于制、外化于行，使班组安全有序可控。

(2)班组长应是完成任务的“领头雁”

班组长是班组的领导者和核心。作为领头雁，自身就是班组的精神和形象代表，一方面要用自己的人格魅力和真诚去打动每一位成员，带领班组齐心协力完成班组生产任务，时时处处以身作则、率先垂范、身体力行，当好开路先锋，并做到对生产任务心中有数，胸有成竹；另一方面，要有很强的团结能力，注意团结雁群的每一个个体，挖掘每个大雁的发光点，使班组拥有统一的目标、统一的思想、统一的规则、统一的行动、统一的声音，一定要避免班组长单打独斗或“各吹各的号，各唱各的调”带来的弊端。

(3)班组长应是上级领导的“放心人”

班组长是一线的直接指挥官，承担着确保组织一线高效运转的重任。班组长要能根据上级的战略思路准确把握组织目标和生产任务，做好细化分析，制订周密的生产计划并予以推进实施；要能及时提出合理化建议并不断创新。

(4)班组长应是班组成员的“主心骨”

班组长在班组成员的心目中就是直接的领导者。班组长要关心班组成员的冷暖,做帮助他们的热心人、关爱他们的暖心人、了解他们的有心人、开导他们的贴心人。班组长要站在置业、理家的角度去看待和思考“管家”问题,既要通盘考虑从大处着眼,又要注重细节从小处着手,将组员个人问题和班组管理实际统筹兼顾,将困扰组员身心的问题巧妙处理好。

(5)班组长应是解决困难的“及时雨”

班组长对班组成员在安全生产中遇到的难题要能够迅速处置,在基础管理中遇到的问题要能够及时化解,这样班组成员在遇到难题时自然会首先想到班组长,班组长在组员中的威信也会自然提升。绝对不能碰到困难就踢皮球或绕道走,而要及时找准问题切入点,把大困难化成小困难,进而把小困难转化为促进安全生产和班组建设的有利因素。

(6)班组长应是按标作业的“典范者”

打铁还需自身硬。班组长必须技能一流,严格按标作业,当好表率,展现个人魅力,正确影响组员。无论遇到什么情况都严格执行班组学标、达标、对标,坚决杜绝简化作业。对不按标作业的组员,要晓之以理、动之以情地劝诫。要敢抓敢管,奖罚分明,要致力于引导本班组所有职工形成人人落实标准化作业、个个为安全生产做贡献的良好氛围。

(7)班组长应是自己组员的“教练员”

班组长自己技能过硬远远不够,还必须担当好教练员角色,在工作中给予组员必要的训练与指导,实现强将手下无弱兵。班组长辅导组员是“授人以渔”的过程。要注重挖掘组员的潜能,使其主动解决问题。对班组成员不明了分析问题的视角,不清楚解决问题的方法,不能胜任的实践技能,班组长作为教练员和训练者,要在提供指导意见的基础上，引导班组成员自己分析、自己动手，最后练就本领，独当一面。

(8)班组长应是各种信息的“枢纽站”

班组长要有的放矢地实施有效管理，准确把握上级的管理要求和精神，眼观六路，耳听八方，避免出现隔山打牛或隔靴搔痒的局面。要发挥好信息枢纽作用，及时、准确地将上级精神和要求、安全形势和动向、管理思路和方略等内容原汁原味地传达下去，让班组全员知情、了解总体形势，并结合班组实际自我定位，更好地做好管理工作。同时，也要将班组的经验和问题及时向上级主管部门反馈，以取得上级组织的帮助和有效指导。

(9)班组长应是班组精神风貌的“美容师”

班组长必须具备即时“美容护肤”的意识和素养，着力从精神文明建设层面入手，树立以人为本、服务至上的意识，注重创新工作方法，努力塑造班组良好形象，营造浓厚的班组文化氛围，进而为企业发展壮大创造更大空间和更优环境。

6. 班组长角色修炼

(1)角色与职业精神修炼

明确个人角色是班组长成就优秀的第一步。这也是班组长区别于普通职工的最大不同。现实中，很多班组长未明确自己的角色，把自身等同于一线职工，工作上勤勤恳恳、兢兢业业，却看不到绩效，原因就在于缺乏角色转换。班组长的角色价值不仅在于自身拥有超强的业务能力和吃苦精神，更在于如何通过有效管理、协调、激励和督导带领班组成员实现最大化的组织绩效。从这个意义上而言，班组长是一个领导组织者而非冲锋陷阵者，是一个主动管理者而非被动等待者，是一个激励支持者而非冷眼旁观者。作为基层管理者，班组长在强化个人角色定位的同时，还需强化职业素养和职业精神，坚持高标准、严要求，担当班组成员的引导者和楷模，以职业化精神影响人、带动人。唯此，才能满足岗位的要求，完成迈向优秀班组长的第一步。

(2)管理技能修炼

作为一线的管理者,班组长的职责之一就是带动和激活一线的细胞,使其工作高效、顺畅、和谐。对现代优秀班组长而言,执行力、团队领导力、协调沟通力及人本激励能力是现代班组长的基本胜任力要求。要确保基层班组工作的高效、顺畅,核心便是班组长个人管理技能的综合提升,包括工作管理、质量管理、绩效管理、士气管理、现场管理、例会管理、人员管理、沟通技巧等方面。只有班组长加以修炼,拥有较强的管理技能和实践技巧,基层工作才能焕发生机,才能确保企业目标的实现。

(3)高效执行与解决问题能力修炼

在生产一线,各种未知的问题无处不在,多种安全风险无处不在。组织大家积极主动地发挥才智、群策群力攻克难关,确保安全、防患于未然,在问题出现后迅速反应、马上行动,在工作中持续改善与创新,将现有问题变成未来有效的经验等,这些都是摆在班组长面前需要解决的问题。工欲善其事,必先利其器。高效执行与高效解决问题能力是班组长不可或缺的能力组成。

三、班组长的工作方法和技巧

班组长在工作过程中,要懂得运用工作方法与技巧,帮助自己尽快树立威信,既要关心关爱组员,又要合理利用奖惩手段激励组员,充分调动组员积极性,营造和谐的班组氛围。

1. 立足岗位树威信

班组长一般是班组里最有威信的人。班组长通过树立威信使组员紧密团结在自己周围,创造出班组独特的管理方式,班组工作才可以有条不紊地进行。班组长树立威信要做到以下三点。

(1)以身作则,率先垂范

班组长要技术过硬,业务能力过强,有端正的工作态度,良好的工作习惯，敢于迎难而上的工作精神，以身作则给组员起表率作用，这样才能赢得组员的信服从而树立威信。

班组长要在技术业务能力上做表率。班组长必须带头提高自身素质，以此来提升班组整体素质。班组长要带头认真钻研专业知识，掌握新材料、新设备、新技能、新工艺等知识，给组员营造良好的学习氛围，并对组员日常工作给予建设性的意见，有针对性地开展班组培训，承担起为组员创造学习机会的责任，提高组员的技术业务能力。

班组长要在工作态度上做表率。良好的工作态度会使各项工作开展起来井井有条。班组长要有端正、严谨、负责、务实的工作作风，并充分发挥主动、协作的工作精神，要有较高的纪律性和责任感，通过言传身教将自身良好的工作态度传递给班组内的每一名成员，带动全体组员敬业爱岗、团结协作。

班组长要在工作习惯上做表率。班组长要对需要办理完毕的工作列一个清单，哪些是立即要去办的，哪些是需要一些具体时间与班组成员共同处理的。有了轻重缓急次序，班组长还需要合理安排时间和工作期限，全力解决好工作中遇到的问题，保证每一项工作都按时完成，避免出现不必要的差错。班组长工作不分主次，会导致组员工作手忙脚乱，进而失去组员的信任，不利于班组长威信的树立。

班组长要在面对困难时做表率。不做“没办法”的人，克服思想上的畏难情绪，遇到困难认真思考，寻求解决问题的途径，利用心理暗示“我行”“我能”“我一定有办法”来激励自己。即便是没能成功解决问题，也要积极分析原因，而非为失败找借口。对待工作更多的是找到思路，不要片面强调困难程度，抓住重点，不断探索好的方法，开阔自己的思路，使工作完成得更加圆满。

(2)了解组员，知人善用

班组长要使班组的整体作用得到发挥，而非仅靠个人努力。

有些班组长任何事情都习惯于亲力亲为，没有从业务骨干的角色转变过来，总是把什么事都抓在手中，不放心或者不会把工作分给班组成员去做，这说明班组长不信任组员的能力。这使得组员在生产中遇到困难时总是推给班组长去干，自己没干过不会干也不敢干。

班组长布置工作时要保证每项工作都要由会干的人去干，能充分发挥每位组员的强项。对那种富有独创精神的人，可以布置稍有难度的工作，不要把那些单调、重复和琐碎的工作布置给他，切实将每个人的能力发挥到最佳。班组长要鼓励自己的组员大胆工作，职工能感受到领导对自己的信任，会更负责任地工作，能更有效地提高领导者的威信。即便组员在工作中出现了失误，不要一味责怪自己的组员，要首先承认他们的劳动价值，分析问题产生的原因，避免今后出现类似的错误，不要因一时的过失而彻底否认组员，打击其工作热情，导致组员做事缩手缩脚。只要真心实意地帮他改正失误，组员就会有反思，并更加积极地投入工作。

班组长要有容人之量，不要嫉贤妒能。当组员做出较好的成绩时，应该真诚地鼓励和赞许他们，并交给他们更重要的工作，这样他们才能做出更大的成绩。

(3)用好权力，展现魅力

班组长开展工作不仅依靠权力，还要靠领导者的个人魅力。二者的合理有机结合对班组长树立威信有着明显的效果。过度运用权力只能是压服，而非心服，看起来组员俯首帖耳，实际上内心深处是否定和拒绝的，有损组员工作积极性；个人魅力是由领导者自身素质和行为所形成的，会使组员发自内心地敬佩班组长，使组员自觉跟随班组长做好每项工作。

在工作中，班组长要负起管理责任，行使好管理权力。不要把私人感情在工作中滥用，要清楚自己在做什么，并且知道为什么要这样做。班组长必须在制度框架内正确行使好自己的决策权、指挥权、激励权和处置权，树立好自己的权威。行使权力要斟酌再三，权力只有使用得当才能让组员心悦诚服。

管理的艺术不在于发指示、下命令，而在于如何唤醒、激励、鼓舞职工为工作目标去奋斗。受尊重是人类较高层次的需要，商量的语气意味着对职工的尊重，关心他的感受。只有赢得职工的心，才能让大家真正地行动起来。

班组的事情不单是班组长的事，而应是大家的事。当班组取得成绩时，班组长要与大家一起分享；当班组遇到困难和问题时，班组长要让大家都参与进来，群策群力解决问题，特别是在与组员利益相关的事情上与他们商量，依靠组员，尊重组员，维护组员利益，就会激发其自豪感和责任感，调动其参与班组建设的积极性。班组长的威信是靠实打实的领导方法和让所有人为之信服的个人魅力来实现的。

2. 营造氛围促和谐

良好的班组氛围能让组员自觉各尽所能，也更能调动起组员的积极性，让他们愿意参与到班组的日常管理工作中。良好的氛围能减少一些消极情绪和心理的产生，进而使班组长组织、安排工作时，变得容易和高效。班组长处理好人际关系、协调好职工关系、做好组员的思想工作，适当加入一些管理理念，营造一个和谐的班组氛围应从以下四方面着手。

(1)树立目标实现价值

帮助组员树立职业目标，实现个人价值。班组长要从大局出发关注企业文化，挖掘本班组及班组内各岗位的意义，引导组员感受其工作岗位的重要性和存在价值，明确其岗位在企业整体运转中的作用。把组员的付出同实现个人价值和为企业增效联系起来，激励组员树立自己的职业目标，帮助组员进行职业发展规划，激发组员工作热情，关心组员的成长，随时纠正组员在成长道路上偏离的方向，也要让他们认识到自己的错误，以能够更快地实现其个人理想。组员在工作中犯错误是难免的，但班组长要想方设法让组员尽量减少错误，走正确的路，做正确的事，营造积极向上的班组氛围。

(2)公平处事以诚待人

组员能够谅解班组长在工作能力、文化水平等方面的缺点和不足，但无法容忍班组长处事不公平。班组中琐事繁多，很多事情都会涉及组员的切身利益，若不能公平处理这些事情，势必给班组长带来极大的负面影响。班组长要做到在制度面前人人平等，在对待组员的同等事宜上，切不可有所偏私，要公平处事，否则会降低组员对班组长的信任度，甚至是从内心排斥班组长，导致班组凝聚力下降，最终导致执行力下降。班组长公平处事的同时要做到以诚待人，这样能够拉近与组员之间的距离，切忌做事摆官架，说话打官腔。

(3)关心组员凝聚力量

在日常班组管理工作中，班组长要从思想、生活、学习、身体等多方面主动关心组员，针对组员存在问题寻找解决对策，例如对于有自卑心理的组员，班组长可以通过寻找、发现和捕捉他们身上的长处，因势利导，帮助其重新认识自己、塑造自己。

班组长与组员不仅仅只存在工作中的上下级关系，在日常生活中也应当有情感上的交流，情感的力量可以消除隔阂，增强向心力和凝聚力，应与组员建立良好的感情基础，营造团结的班组氛围。

(4)善用语言加强沟通

尽量不用命令来压组员，这一点很重要。组员都有自己的思想与自尊，冰冷的命令能让组员完成工作，但不一定能做好工作，要多用一些委婉的语言布置工作。在任何情况下，都不要看低组员，不说轻视的话语，而应把组员当作合作伙伴，切忌颐指气使。只有赢得组员的心，才能让组员真正地行动起来。

3. 落实规章须规范

(1)严格执行规章制度

规章制度是无数人在实践中用汗水和鲜血写成的,不按照规章制度去做,就要付出血的代价,或者使生产效率大大降低。为了保证企业安全生产和经营指标完成,必须制定并严格执行相关的规章制度,以此来对职工进行约束。规章制度要根据企业形势的变化进行制定、修改和补充,在法律规定范围内,经民主程序通过,才具有效力。

(2)利用制度激发潜能

规章制度从表面上来看是一道"绳索",束缚了职工的行为,但归根结底是维护了职工的利益,给职工带来健康、安全和经济收益。因此,当职工意识到这一点时,就会获得激励。由"要我执行"转变成"我要执行",变被动为主动。在这样的状态下,职工的潜能被激发出来,各个方面都会表现得积极主动,对待工作也会全力以赴。由此可见,自觉执行规章制度,能够激发职工的潜能。

(3)制度面前人人平等

班组在执行规章制度时,不能因人而异。班组长要带头做到"制度面前,人人平等",只有这样才能突显制度的权威性,使组员对制度产生敬畏之心。在班组内,人人都要认真严肃地对待各项规章制度,从行动上自觉遵守制度,才能体现制度执行的平等性、公正性和严肃性。否则,就会严重地影响组员的士气和工作的积极性,影响班组执行力的提升。

4. 奖惩结合促激励

班组长要真正把制度执行到位,保证每一项制度都能起到有效的作用,应合理运用奖励和处罚等激励手段。对于经常受到表扬的组员要及时指出他的不足,予以鞭策和警示,避免组员产生自傲心理;对于落后组员不应一味进行批评处罚,也要对其优点适当给予肯定。在班组管理中把奖励和处罚相结合有助于班组长更好地管理班组。

班组长要采用各种激励手段来调动组员的积极性和创造性。当组员取得成绩时，要及时给予肯定和奖励；当组员工作干得好时，要及时给予赞美；当组员有了新的发明创造、做了好事时，要及时给予表扬；多给组员表现自我的机会，如开会时多让组员发言，班组长讲话时多引用组员的观点等，都能起到意想不到的激励效果。

5. 班组管理要民主

班组管理要民主，切记不搞“一言堂”。班组长考虑问题有局限性，个人决定有一定的片面性，班组管理要综合组员的意见才能保证做出决策的合理性和有效性。在班组管理中班组长要充分调动组员参与管理的积极性，为组员搭建平台，把班组管理工作落到实处。

(1)鼓励组员提意见

班组管理要广开言路，鼓励组员多发表意见和建议。当组员的意见与班组长的观点相悖时，班组长要积极反思，善于抓住组员意见的闪光点。班组长切忌板起脸来听意见，甚至对组员意见大加抨击，这会使班组长走向孤立，在向组员征求意见建议时，组员不愿意也不敢阐述自己的观点，这对班组管理工作的开展是极为不利的。

(2)集思广益搭平台

班组管理过程中，班组长要为组员搭建建言献策的平台。有时组员并不是对班组决策没有意见，而是缺少表达的途径。班组长可以采用意见箱、建立网络班组群、班组会等多样的形式，就一些班组管理问题征询大家的意见。

(3)民主管理求实效

民主管理若流于形式，会大大打击组员参与管理的积极性。特别是最后形成的决议要能体现组员有价值的意见。当组员意见未被采纳时，班组长也应及时向组员说明未采纳的原因。

6. 接受检查有准备

检查不是目的，但却是促进工作提高的一种手段。接受上级检查是班组工作的一项重要内容，有些班组长因无经验，不知所措，无法应对，形成被动局面。班组长应该从以下四方面着手。

(1)摆正心态正确对待

班组长一定要正确对待检查工作，把检查看成是自己查漏补缺促进工作的一个机会。面对检查人员保持良好的心态，悉心听取意见建议，按部就班地做好接待工作。

(2)清楚内容明确分工

检查部门根据工作分工差异，检查重点也各有侧重。班组长一定要理解检查的程序和内容，做到有的放矢才能更好地配合检查部门尽快完成检查工作。

一般上级检查工作有着固定的程序，内容包括基础台账资料、人员管理情况以及现场设备情况等。在日常管理工作中，班组长要有意识地做好工作分工，确保上级检查时能有专人负责解释和陪同。

(3)做实工作全员覆盖

班组工作重在平时，临时突击干工作是不可取的，只有把工作做实才是应对上级检查的万全之策。例如在日常工作过程中，完成好生产任务的基础上，要保证台账资料保存完整、业务学习有详细记录等。班组长只有平时带领组员把日常工作做实做细，面对检查时说话才能有底气。

班组长在检查前应召开迎检会，使全班组成员对检查内容有一个完整的了解。确保在检查中每名组员都能应对突发状况，顺利通过上级的检查。

(4)主动汇报巧用数据

检查过程中，班组长要学会主动汇报工作。特别是班组的一些特色工作以及取得的成绩要及时反馈给检查人员，也可以反映班组面对的一些问题和困难，争取政策的支持。汇报过程中，尽量引用事实和数据说明问题。任何情况下，事实和数据是最有说服力，也是最直观的，能让检查人员清晰明了地了解具体情况。

7. 调整情绪讲方法

班组长要学会调整自身情绪和组员情绪。班组长面对着烦琐的日常事务和巨大的工作压力，难免会产生负面情绪，如无法进行有效控制和管理，就会对班组正常工作产生影响。班组长要善于正确对待情绪，合理表达情绪，有效控制情绪，恰当纾解情绪，保持良好的状态来开展工作。同时管理组员的情绪，创造良好的情绪宣泄空间，也是班组长的重要职责之一。

(1)调整自身情绪

班组长要有序地推进工作，首先要学会调整自身情绪。每个人都有情绪低落的时候，班组长也不例外，当班组长对自身无法进行有效控制时，可以找朋友聊聊天，做一些自己喜欢的事情，转移当下的注意力，舒缓情绪，也可通过暗示来转移情绪，切忌带着情绪工作。比较有效的控制情绪的办法有：语言暗示，如“不能发火”等；想一些比较振奋人心的事情来转移注意力；后果预想，如“如果责骂他一顿，他可能会怎样”；移情换位，易地而处，如“如果我做这件事情，可能也就是这样的结果”等。班组长可以尝试用上面的方法控制自己的情绪。

(2)调节组员情绪

班组长应主动调节组员的情绪。班组长要努力成为班组压力的倾诉对象，及时掌握他们的思想动态。当组员情绪不良时，班组长应适当地给予关心和鼓励。组员有情绪，抑制不是办法，应该让他们宣泄出来。因此，班组长要主动为组员的情绪表达创造条件，如在办公区角落里放一些杂志或者轻松的书刊；设置专门的意见箱；在休息时间，放一些舒缓的音乐调节组员情绪，丰富组员的业余生活等，减轻组员的工作压力，愉悦组员的心情。

8. 班组讨论显实效

班组讨论要讲究技巧，确保讨论的实效性。班组经常会召开讨论会，商讨如何完成工作任务或如何改进工作方法等问题，但有些班组经常会把讨论流于形式或者班组长把讨论会变成了自己的意见宣讲会，为避免此类情况发生，在班组讨论的过程中应注意以下四点。

(1)明确讨论议题

班组长在阐述议题时要简明扼要，议题要小而具体，要把议题阐述清楚，避免组员模糊或误解。同时一次的讨论议题不要过多，否则讨论效果会大打折扣。

(2)避免冷场

班组长要学会调节讨论节奏，避免冷场。班组长在开讨论会之前要提前透露讨论主题，留给组员思考的时间，对敢讲真话的组员要鼓励。班组长在讲话时最好先不要表明自己的立场，防止听不到反对的声音，得不到有价值的意见。同时，班组长要学会主持讨论，学会引导，避免讨论会变成了聊天会，达不到实际效果。

(3)处理好不同意见

班组长要善于处理不同意见。既然是讨论会就会出现不同的观点，要就事论事，避免讨论变成了争吵，要善于调节气氛，让大家充分阐述自己的观点，当出现理解偏差时要及时纠正。

(4)善于归纳总结

总结时要表达单位的目标和个人的见解，把组员分散的意见条理化、系统化，使组员觉得自己有价值的意见被吸收或是肯定。

四、班组长是团队领袖

团队领袖不是依靠职位权力，而是以人格魅力来感染和影响组员。班组长不能仅仅依靠制度或凭借拥有的权力威慑班组成员，班组长是团队的领导，也要成为团队领袖，需满足五个条件。

1. 取得认同

班组长要成为团队领袖，首先要让班组成员认同和信服。员工认同领导，涵盖人格认同、文化认同、行为认同等，其中，最关键的是心理认同。得到班组成员的广泛认同，可以大大降低班组长的监督成本。班组成员听从自己内心的呼唤和指引，能够有效提高工作效率，这是认同感带给班组的最直接的好处。班组长如果得不到大多数班组成员的认同，他领导的班组就很难作出突出的成绩。即使一时工作效率高、安全事故少，也只是一个暂时运转的躯壳，无法让整个团队持续发展。班组长要获得班组成员的认同，需从以下方面着手。

(1)打造自身的品格影响力，以崇高的品格赢得团队的尊敬，以高尚的情操树立良好的个人形象。

(2)让班组成员参与决策，塑造归属感。班组长就班务进行决策时，应集思广益，打造一个全员参与的平台，充分征求组员的意见，使每个班组成员感受到自身的重要性。

(3)保持信息的公开性与沟通渠道的畅通，及时公布班组成员渴望了解的信息，保证每个班组成员都能平等地分享，并时常与班组成员进行沟通交流，既保证上级政策及时下达，又保证组员心声有效上传。

(4)提供班组成员学习、成长以及负责的机会。对于大多数班组成员，得到新的机会来表现、学习与成长，是获取上司认同的最好方式。

2. 争取追随者

班组长必须拥有并时刻彰显正直、责任感、贡献、诚恳和永不言败等特质，这是增强团队向心力的基本元素。班组长要获得组员支持，要做到言出必行与公平公正。班组长遇事避免偏袒一方，尽量客观、公正地对待组员。现代的班组建设要求班组长用自身的行动来影响其他人，带动的作用明显。同时，班组长还需要考虑组员的需求，充分尊重他们，让自己的追求、风格、行动与他们合拍。此外，还应与时俱进，塑造持续改善、时时创新的班组文化，引领组员符合环境的变化和企业的发展。

3. 让自己成为标杆

让自己成为标杆是取得认同与争取追随者的桥梁与纽带。班组长的影响力不仅仅在于取得班组成员的心理认同与赞许，关键在于在心理认同的基础上让自己成为标杆，成为被模仿的对象，更多地传导正向思维和积极行为。

班组长个人行为影响力的重点在于，班组长内在的品格影响力、外在的行为习惯等都是正面的、积极的，能够感染和震撼组员，并且这些品格和行为是可以复制与模仿的。班组长需要着力打造对标优秀、时时自省的文化，从环境上督促班组成员学习先进、改善自我。

4. 善于提问

做提问式班组长，不仅有助于班组群策群力，实现科学决策，更有助于调动组员积极性，实现民主决策。通过提问，班组长不仅可以采纳班组成员的合理建议、优化班组决策，而且能调动班组成员的积极性，还能督促班组成员思考，提升组员的素质。班组长提升善于提问的能力，关键应把握：

(1)在向班组成员提出问题时，先问一下自己“我问这个问题要达到什么效果”，以保证提问的有效性；

(2)在心里多设几个问题，择优选用；

(3)注意所提问题的语气与表述方式，避免质问与追究的语气，主要着眼于建设性与启发性的发问；

(4)斟酌问题，最好能够引发大家共同的思考；

(5)营造善于提问的文化氛围，班组长在自身提问的同时，也要鼓励班组成员提问，重视团队成员关注的问题。

表 2-1 所列的十项提问，是班组长学会提问、成为提问型领导者的具体工具。班组长可根据本班组的实际情况从中选出三五个相对重要而且更适合自己的，加以有针对性的练习。

表 2-1　班组长管理常用提问

班组长常用的管理提问	提问目的
你打算怎么办?	了解组员的想法与规划，尊重其意愿
需要我怎么做?	提供支持，说明班组长是组员随时的后盾、永远的支持者
你觉得哪些方面需要特别注意?	侧面提醒组员完成某项工作的关键点，有助于班组长有效把控关键点，避免风险
为什么?	了解组员想法的缘由，尊重组员的同时弄清事情的来龙去脉
你的目标是什么?	强调目标导向，注重一线的品质与数量
有没有可行的改进建议?	时刻提醒组员要具有改善意识和创新意识
怎样避免类似情况的再次发生?	负面问题出现后，要及时总结与借鉴，有效避免这种情况再次出现
通过这件事，你有什么感触?	从中有什么感悟，或者吸纳什么经验，避免怎样的教训等
这个想法，大家觉得怎么样?	班组管理应是全员参与，班组长可以倡议其他人参与进来，群策群力
对于班组建设，大家还有什么建议?	真正的智慧掌握在团队手中，引导组员提出改善建议，优化班组管理

5. 合理评价

班组长在贯彻企业政策、使用评价工具的同时，更需要关注日常的评价体系和以人本为导向的评价体系，这样才能更有效地激励团队。如果某位班组成员的做法体现了班组的团队精神，展现了班组风采，班组长需要做的就是积极给予评价，给予反馈与赞许。班组的其他成员也明白团队倡导和摒弃的事情，并会纷纷效仿或者规避。即使一个小事例，班组长若给予正面的赞誉，认可当事人的贡献，也会激励他再接再厉，班组其他人从中得到启发，会有后续的类似行动。班组长可以在每天的班后会上让组员发言，评价今日表现突出的组员行为、业绩和精神等，然后班组长做最后的点评。

五、班组长是制度规范者

班组长作为制度规范者，应让班组的各项工作有章可循、有法必依，以制度约束人、考核人、激励人，形成班组管理的长效机制，使得班组管理科学化、民主化。班组长在督促执行企业制度的同时，还应关注本班组的技术与业务规范、个人行为规范等，使班组制度精细化、系统化、规范化，力求制度执行落实到位。

1. 有效执行企业制度

班组是落实企业制度的第一阵地，企业制度是企业目标实现的保障体系。班组长可以通过宣传使班组成员普遍认知、接受企业制度，并将强制执行与文化激励结合起来，使组员能够自动自发地按照制度要求规范自己的行为。

(1)知行合一

确保组员清晰了解企业的规章制度。班组长通过固定的形式组织组员学习。在每周的学习会上安排相应的环节，学习企业规章制度或者企业最新文件。一方面，将企业最新的政策或者工作要求、制度规范做相应宣讲，确保组员了解最新政策和制度规范；另一方面，又注重将组员的相关想法和建议反馈给车间或企业，实现了双向沟通。

以利益为导向激发组员的自律意识。班组长要让组员认识到，虽然制度维护的是企业的根本利益，但组员的利益与企业利益息息相关。执行了企业制度，就是保障了企业的利益，进而维护了自身的权益。强制性制度背后是保障性的利益，只要遵守、只要付出就有回报。

(2)刚柔并济

班组长作为企业权威的维护者、企业制度的执行者,必须严格执行企业制度,维护制度的强制性与权威性。此外,制度执行还需强调柔性引导,班组长应构建尊重人、关心人、相信人的人文环境,对班组成员的权利意识、自主意识进行教育与引导。面对不同的情况,班组长需要具体问题具体分析,用柔性的方法加以引导。

2. 健全完善班组制度

班组制度是对企业制度的细化与补充。班组规章制度是针对班组生产或管理活动而制定的一系列规章、准则与标准的统称,它涉及劳动组织与计划、生产流程控制、技术工艺规范、产品质量保障、运行绩效控制、安全生产与劳动保护、员工行为激励和人际关系协调等班组运行的诸多方面。

(1)制定与完善班组制度的关键点

制定适合本班组的管理制度、特色制度等,是班组长的重要管理职责。班组长制定与完善班组规章制度时可以着重把握以下三点。

①杜绝"一言堂"

班组制度的制定必须是全员参与的结果,而不是班组长一个人说了算。只有全体班组成员参与制定的制度,才能充分反映民意民智,更民主、更科学,才能得到彻底的贯彻与执行。

②符合企业发展方向

班组制度必须与企业的发展方向及相关制度统一,它是更好地执行企业制度、实现企业目标的保障。

③坚持以正激励为主

班组的规章制度应坚持正激励为主、处罚为辅的原则,鼓励积极正面行为,处罚防范消极行为,实现在班组温馨的环境里接受并严格执行最严谨的管理制度。

（2）执行班组制度的思路与方法

①带头示范

班组长必须是执行制度的带头人，制度执行面前人人平等。班组长必须首先带头示范，模范执行。

②情理相合

班组长执行班组制度应该“情理相合”，一方面能够保证班组制度得到严格贯彻，另一方面又能使触犯制度的组员心悦诚服，实现严谨制度与柔性人情的巧妙结合。

③灵活变通

班组长执行班组规章制度时也要灵活多变，变通有度。克服制度自身的缺陷，不断适应班组管理环境的变化，要求班组长能够随机应变，在不违背基本管理制度的原则之下，适当变通执行某些制度措施。

④一视同仁

班组制度要得到有效执行，关键在于班组长要一视同仁，严格执行，绝不厚此薄彼，姑息迁就。班组长不能避重就轻、纵容包庇，表面上是维护了某些班组成员的利益，顾及了某些人的面子，但是会导致整个班组思想懈怠，班组工作执行不力，最终使得自己的班组管理陷入被动。

六、班组长是教练

班组长是知识、经验和技能的传播者，还负有挖掘组员内在潜质、培养班组后备人才以及调节组员心态和情绪等职责。班组长当好班组的教练需要做到以下三点。

1. 做班组成员的第一教练

班组长只有正确认知教练角色，才能有效履行教练职责。班组长（教练）与组员（学员）是平等的关系，是主要基于领导者的责任和组员的发展愿望，通过一种非正式的关系而建立的，这种平等的关系体现在日常的各个环节之中。班组长作为教练由于个人技能、经验以及领导能力的不同，对于所要解决的问题，有着独特的见解，但是必须保证教练与学员平等的发言权。同时，班组长不能树立一个凡事都行、唯我独尊的形象，这样会疏远教练与学员之间的关系。

班组长作为教练必须真诚地奉献自己的知识、技能、才智，具有克服困难的信心，以及希望组员进步、有所成就的强烈愿望。教学的过程是一个教学相长的过程，班组长在教授别人助其成长的同时，自身也会有较大的提升。而组员则必须具有学习、成长的迫切要求，以及勇于承担责任、参与班组建设的积极性。

班组长管理的内容涉及班组的方方面面，教学内容涉及的面相应也很多，如组员的专业技能、安全意识、管理常识、心态情绪，涉及企业政治问题、班组关系问题、个人情感问题、职业发展问题等。总之，凡是班组长职责范围内的工作，都是班组长教学的相关内容。

班组长通过一定时间的教学，观察班组成员是否成长、绩效指标是否提升等，这些考量都需要相应的检测与考评指标。如班组长要持续跟踪班组成员的行为过程，就教学的内容进行详细追踪，班组长可以就教学的内容进行相应辅导，也可以向班组成员征询教学内容在班组实践上的难度等，这个追踪的过程就是保证教学绩效的有效过程控制与激励的过程。

2. 善用示范的力量

领导力的核心在于领导者遵照社会主义核心价值观付诸行动，从而去感染、影响别人，而不是刻意为了影响而影响。作为企业的基层领导者，班组长也要以身作则，做出榜样，才能赢得信服。

班组长在教练示范之前必须先自我修炼好，使自己有能力去训练别人。训练的核心方法就是以身作则，做出示范，让班组成员看到学习有榜样，精神上有激励，知道应该去做；同时，让班组成员看到事情是怎样解决的，了解方式方法，知道如何去做。

3. 掌握教学的方法

班组长要掌握教学技能，把组员当主角，多倾听，多提醒，多教导，多激励。班组长与组员不仅仅是上下级的关系，还应是和睦的伙伴关系。班组长应有意识地培养与组员之间的信任和理解，建立相应的承诺机制，让组员从内心认同、信服自己。

学员是教练辅导的主角，班组长应培养班组成员的主角意识与责任意识。教练辅导的模式不是以教练为中心，不是班组长一个人说、做，其他人听、看的过程，而是以学员为中心，以激发学员潜能、调整学员心态，让学员自己体验与感悟的过程。

教练需要学会聆听并给予学员积极的反馈。班组成员在实践教学方法的过程中，一定有很多难点与疑问，班组长首先需要了解组员实践的难点、需要的协助、可能遇到的问题等，并给予积极的反馈，比如解决问题的建议、面对面的沟通交流等。在组员遭遇挫折时，帮助他们分析失败的原因并肯定其积极的方面，辅导其重整旗鼓。在组员获得成功时，及时给予祝贺并分享胜利的喜悦，激励其再接再厉，在今后的工作中独立地、充满信心地迎接新的挑战，作出新的贡献。

班组长教练辅导的另一重点工作是舒缓组员情绪，给予心理辅导与支持。要成为优秀的教练，班组长还需要转变并优化自身领导方式，见表 2-2。

表 2-2 班组长教学原则与方法

教学原则	教学方法	教学角色与关系
多倾听	变“我说你听”为“你说我评”	让组员有更多的发言机会，班组长只负责点评与总结
多提问	变“我说你做”为“我问你思”	让组员多思考，班组长学会做提问式领导
多教导	变“我做你看”为“你做我教”	让组员在做中学，班组长负责教导方法
多激励	变“你做我批”为“你做我赞”	给予组员正面激励，鼓励其完善优化

第二节　班组团队管理

一、团队概述

1. 群体与团队

在管理学上，群体和团队是两个不同的概念。群体，是指一群人，成员之间可以有共同的目标，彼此之间没有什么关联。而团队则不同，是一个有共同目标、成员之间有协同配合关系的组织。成员之间是否有配合、有默契，是群体和团队最大的分别。

2. 团队的特征

团队最重要的特征，就是团队成员之间存在互动，良性互动创造协同效应。协同效应是什么？如果两个独立的个体，一加一等于二，就是没有协同效应，一加一大于二，就是有协同效应，多出来的那个部分，就是协同效应的结果。群体有了协同效应，就真正成了团队。

3. 团队建设的目的

团队建设的目的究竟是什么。很多团队搞团队建设，花了很多钱，浪费了很多时间，但一团和气的背后，是业绩潜力并没有被挖掘出来。

有些人认为建设团队是要建立一个家庭般的、亲如兄弟的组织，这犯了方向性的错误。组建优秀团队绝不是为了成为一个家庭，目的是共同把工作搞好，组成团队要的是业绩。

一个团队，如果能够一方面达成目标，同时也能建立成一个大家庭是最好的状态。但是，如果做不到，团队领导者一定要清楚自己想要什么。搞团队建设核心是为了团队目标的实现，是为了提高工作效率，提升团队业绩。

二、团队成员

团队成员有三个特征：

(1)成员不止两个人，无论哪一级团队，高层还是基层，都应该有若干位成员；

(2)团队要完成一个共同的目标，团队的每一个成员在心里应该明确这个目标；

(3)团队成员要合作，通过互动协同实现这个目标。

三、团队结构

好的团队，应该包含三种人：领导者、骨干和辅助人员。

团队领导者要想完成任务，第一重要的就是要在自己的身边聚集起有能力、肯合作的骨干。学会识别、训练和使用骨干，是每一个团队领导者的基本功。骨干是团队的腰，骨干的腰力发挥不出来，组织是没有战斗力的。一个领导者在规划人员组织时，首先需要考虑的是团队战略，其次是安排骨干。

安排骨干非常重要，因为组织往往会遇到一些复杂问题，需要一种综合性的思维能力和解决问题的能力，骨干就是要帮助领导者发挥这个作用。骨干有能力把复杂问题拆解，之后交给辅助人员去做，对于关键性的复杂问题，亲自解决。所以，领导者首要任务，是带好骨干，骨干的任务，是带领辅助人员。

在选择辅助人员时，领导者最大的忌讳是用自己的理解去要求他们的动作。骨干之所以能够成为骨干，靠的是专业能力强，主要体现在他们的思维方式是一种有机思维。与有机思维相对的，是一种线性思维。新人、辅助人员的思维，一般都是线性思维，就是只能看到最直接、简单的因果关系，只能看到表象，所以，动手解决问题的套路是头痛医头，脚痛医脚。而骨干人员在头脑中练就了一套包含复杂因果关系的有机思维。运用有机思维，骨干可以看到事情背后的复杂原因、整体情景，解决问题时也善于抓住关键因素。

不同的人在有机思维和线性思维的细节上也会有层次不同的情况。作为班组长要对辅助人员和新人有足够的包容力，帮助他们在工作中将思维能力提高。

四、团队信任

管理学家德鲁克在《管理的实践》一书中特别强调：管理者除了拥有专业能力之外，还必须担负起他们应该担负的责任。德鲁克所说的情况，同样适用于团队。每一个团队都有一个核心的领导人，无论团队成员是不是因为信任你而来到这个团队，你都要值得他们信任。

管理学曾经研究过一个现象，很有趣。当一家公司进行组织调整之后，一群完全没有合作过的公司雇员被集结在一起，成为一个新的团队。每个人基于过去的工作经历，对新的团队会产生一种"信任意愿"，他们愿意给这种"信任意愿"以信心，愿意相信这个团队是值得信任的，直到他们真切地感受到了共同的利益被维护，感受到了收益和公平，他们才会建立基于"认同"的信任。基于"认同"的信任，是最高级别的信任。

1. 值得信任是领导者应担负的责任

信任，是团队建设和组织发展中的重要概念。一个人对他人产生信任，通常是通过以下三种途径：

(1)因为反复打交道而产生信任；

(2)有一套制度体系来作保证；

(3)因为某种人际特征而产生信任。

这三种产生信任的途径可以帮助一个团队的领导者理解团队成员对他产生真切的信任意味着什么。这也就是为什么德鲁克特别强调领导者必须担负起领导者的责任。一个健康团队中的所有信任，最初都来自对团队领导者个人的信任，因为大家相信这个领导者，彼此之间才会在合作中发展出横向的信任关系。而信任，是连接团队的最强黏合剂。

让职工对领导者产生信任的来源是“诚实正直”。不具备诚实正直品质的领导人，很难让人产生信任，团队也不可能有真正的凝聚力。

2. 缺乏信任是团队建设的障碍

通过对核心领导者产生信任感，团队成员才有可能在彼此之间建立起广泛的信任，一个团队才有经历风雨的本钱，成员才有可能真正产生出事业感。当团队成员都具备信任感和事业感之后，团队的力量就变得惊人了。

团队之所以惧怕冲突，就是因为大家缺乏信任，团队成员不敢进行辩论，不敢把话说深说透。因为团队中的每个人都唯恐招致别人的误会，被认为是故意批评和找碴，大家之间是处于相互戒备的状态。每个人都会把自己包裹得很严实，不愿意让别人看到自己的缺点和弱项，同时也不愿意去触碰别人的弱项，并提出改善的建议。整个团队看上去一团和气，但实际上回避了所有应该解决的重要问题。

团队是具有合作关系、追求协同效应的组织，所以，团队成员必须有深入的交流，才能讨论真正硬碰硬的问题，而不是每次开会浮皮潦草，说些无关痛痒的问题。要做到这一点，就要有信任才行。如果一个团队并不都是由一流好手组成，这时的信任，就不是来自自信，而是对于领导者和组织的信任，以及对于职业成功的渴望，就是“信任感”和“事业感”。

五、团队建设

团队建设的最高境界，叫作“心相通”。心相通是指要走入别人的内心。

一个人的行为，都是他内心想法、内心冲动，以及过去经验的体现。透过一个人前面的行为，可以判断出他当下的内心活动，进而预测出他后面的想法，及时采取行动，保证团队的利益。团队建设的方法之一就是背景分享法。

背景分享是指讲自己的故事。背景分享的目的就是要建立默契，力争做到“心相通”。团队领导可以看到一个人遇到事情时，是怎样做的，如果能够知道他为什么这样做，就对这个伙伴的了解深了一步。希望通过背景分享了解团队成员之间思想深处那些最本源的东西，然后，用这些内容去理解一个人的行动，甚至预测他的行动。

进行背景分享的另一个好处是可以更好地了解一个人的优点和缺点，了解他的特点。大家相互了解，就可以互相包容，取长补短，更好地和别人合作或交流，更有效地进行团队合作和动作互补，建立团队默契。因此，背景分享，是一个实现心相通和走进别人内心的方法。

第三节　沟通激励

一、班组长的有效沟通

在现代企业管理中，沟通不畅已经成为企业发展的瓶颈之一。因此，一位优秀的班组长需要学习有效的沟通技巧、沟通方式，从而带来工作效率的提高和人际关系的协调。而和谐的职工关系将会极大地增强班组的凝聚力，促进工作效率大幅度提升。无数事实证明，班组长在沟通方面做得越好，班组长与他的班组成员就会越成功。

1. 沟通的含义

沟通对企业、对个人，特别是对管理人员的工作都具有重要的意义。良好的沟通管理,不仅反映了组织中管理人员的管理和协调能力,更体现了完善的企业制度和健康的企业文化。

对于企业,建立一套有效的沟通措施和信息交流渠道,既可以保证职工了解、掌握企业的发展战略、目标、目的和计划,同时也可以让职工了解企业的经营活动情况、面临的问题。

对于管理者,特别是基层的班组长,承担着承上启下的传递作用,因此,更应该快捷地传递组织状况和班组成员工作状态,增加管理的透明度,从而有效维持班组成员与班组长之间的关系,相互协作,提高工作效率,促进企业发展。

因此,掌握沟通技巧,对于班组长来说,是一项为了开展工作而必须具备的技巧。良好的沟通管理可以让班组成员同心协力,可以创造出竞争优势与班组绩效。可以说,一个班组有了有效的沟通就有了工作顺利进行的保证。

通常,班组内良好的沟通意味着班组长与组员保持有效的沟通,不仅能够迅速解决工作方面的问题,还能充分体现对班组成员的尊重与重视。组员也可借此了解企业内部有关的政策以及生产、经营、管理、业务、培训、发展等状况,了解企业的管理决策,使组员感受到自己是组织的一员。开放的、双向的沟通,还能够增进班组长与班组成员之间的理解、尊重和感情的交流,能让班组成员产生一种积极向上的奋斗精神,努力为企业多做贡献。

一般来说,沟通可以形成一个健全、迅速、有效的信息传递系统,以使班组内部的各个成员做到在适当的时候,用适当的方法把信息传递给适当的人,这就直接为组织广纳贤言、博采众长,以更好地做出决策提供了可能或基础。

通常而言,沟通的作用包括以下五个方面:

(1)通过沟通可以了解不同角度、不同层次的想法,可以为公司制度、措施、方法的正确性提供依据。

(2)通过沟通,可以促进上下级之间、部门之间、班组成员之间的相互了解，从而实现企业上下的协调工作。

(3)通过沟通可以发现组织内部存在的问题，继而不断解决这些问题，不断提高管理水平，改进和提升企业绩效。

(4)班组长通过沟通可以使自己的主张和决策得到班组成员的广泛支持和信赖，可以提高执行的效率和成功的概率。

(5)在沟通中，班组长可以了解班组成员的感受，倾听班组成员的心声，从而制订出符合班组成员期望的制度和措施，使管理者与被管理者之间的协作达到最佳的效果。

总之，沟通是企业管理过程中的一项重要工具，也是班组长必须掌握的一项能力。

2. 班组长与组员的沟通协调

与班组成员沟通协调，是班组长每天的必备功课。一个缺乏沟通协调的班组或者班组长不懂得如何正确地与班组成员进行沟通协调，那这个班组是无法成为优秀班组的，班组长也很难处理好班组中的各项工作。

(1)与组员沟通的注意事项

班组长每天都置身于基层团队，每天与组员也会有很多的沟通。但是，这些沟通是否及时有效，是否在工作中真正起到作用，这就需要班组长掌握与组员沟通的注意事项，以确保班组工作的顺利进行。

①沟通时要明确表达自己的意向。班组长在向组员通报部门或车间工作重点和方向时，可以请组员就此分析自己该如何配合工作，具体方案如何，实施过程中可能会遇到哪些困难等，让组员参与其中，让其有受到尊重的感觉，那么，组员就会为班组长提供一些尽可能的帮助。

如果上下级之间的沟通不顺畅、不及时，将会给公司带来极大的损失。所以，班组长在和班组成员沟通时，一定要明确表达自己的意向，否则会造成工作上的乌龙。

②企业或班组的重大事件，如重要合同的签订、经营业绩取得重大突破、班组工作获得表扬和广泛认可等都需要及时通报给组员以增强士气、鼓舞组员。

③当企业、班组或个人表现优异时，尤其是组员个人在工作中有闪光点时，班组长一定要能发现并明确地提出表扬，哪怕只是一个很小的方面。当组员感受到自己的表现受到肯定和重视时，他们会表现得越来越出色，业绩常常会超出管理者的想象。

④及时讨论。班组工作中，有些组员工作可能做得也不错，但不是尽善尽美。这时，作为班组长，可以就此引导组员进一步努力达到更好，或和组员一起探讨改进的方向和改进方案的可行性。

⑤班组长要经常和组员交流，表达对他工作的认可和欣赏。在日常工作中，注意发现组员工作和企业整体工作尤其是阶段性工作重点的切合点，说明其工作完成效果对企业整体工作完成的影响和重要程度，以加强组员对本职工作的重视和热爱，使其得到鼓舞和心理成长。

⑥班组长要习惯于将自己的经验、方法与组员分享。组员在工作上可能存在不完美之处，作为班组长应该多提建议，可以在工作方法、思路上给予提醒，将自己遇到类似问题时的处理方式分享出来作为参考。

(2)与组员沟通的原则

沟通是一个信息交流、统一思想、增强认同感、加强凝聚力的过程，在这个过程中，班组长与组员的沟通要遵循以下原则：

①作为班组长，尊重和欣赏自己的组员，发现组员的优点并进行表扬，是提高组员积极性的一个重要方面。不断发现组员身上的优点，哪怕是一个很细小的举动，也要加以表扬，表扬永远比批评的激励效果更好。

②沟通是双向互动的。要讲，更要听对方讲，大家都真诚地说出自己心中的想法，这样才能真正地发现问题及存在问题的原因，

才能为解决问题奠定基础。如果沟通过程中只有一方积极主动，而另一方消极应对，那么沟通也不会是成功的。

③在班组的沟通中，只是班组长说是远远不够的，还要注意积极倾听。班组长通过倾听积极地去理解，达到有效沟通的目的。

④沟通过程中，双方的地位是平等的，班组长要充分尊重组员。无论是讲话的语气、语调、行为等都要体现出对组员的尊重，才能获得良好的沟通效果。

⑤沟通的形式是不固定的。没有哪种形式是最好的，只有相对比较适合的，这就需要班组长根据不同组员的特点及沟通内容的不同而不断调整，灵活运用沟通的方式。

⑥班组长要学着换位思考。每个人因自身定位、经历、环境的不同，对事情的看法不可能完全一致，班组长不能只从自身角度考虑问题，而是要多从组员的角度出发考虑问题，多了解组员的看法和建议，从而真正地理解对方，得出的结论也才能更符合实际，沟通才会进行得更加顺利和有效。

⑦在管理者与被管理者之间存在一些隔阂或误会是很正常的，这就更需要通过沟通来消除。作为班组长，更应该从大局出发，主动找组员沟通以寻求改善关系。

⑧班组长处理与组员之间关系的最有力度的做法就是平等。坚持平等原则处理与组员的关系，首先要求班组长在沟通前把自己摆在与组员同等的位置上，相互之间可以平等地商讨、争论和批评。

⑨保证信息沟通的渠道畅通。这里所说信息沟通，是指人们之间交流思想、观念以及信息的过程。它包括四种基本要素：一是信息传播者，二是信息接收者，三是信息内容，四是信息传播媒介和方式。对于班组长来说，信息的沟通既是实施领导的基本条件，又是领导组员意志不可缺少的艺术。

3. 班组长批评组员的原则

任何人都会犯错，班组成员自然也不例外。有些错误，可以包容,不用计较;但有些错误,就必须提出批评,不然无法引起犯错班组成员的重视。然而,批评也是一门技术活,如果班组长不懂得批评的技巧,就会因为不当的批评导致自己和班组成员之间出现隔阂,甚至导致班组成员辞职。

一般来说,班组长在批评班组成员时,应该遵循以下原则。

(1)公开表扬,私下批评

不少班组长喜欢当众批评班组成员,这一点非常不可取。在众人面前批评班组成员,不仅会让班组成员感到丢面子,打击他的士气,使他忐忑不安,还会激起他的逆反心理,对班组长怀恨在心,甚至导致优秀班组成员的流失,这非常不利于团队稳定。最好的方式是私下批评,也可以在电话中说明意见,这些都可以既维护组员的自尊心,也能让他意识到自己的错误。

(2)先鼓励后鞭策

班组成员犯错时,班组长不要劈头盖脸地展开批评,而应用表扬、鼓励等方式引出后面的批评。比如说一位班组成员没有按照你规定的要求完成一项任务,你要想批评他,可以这样说:“在我的印象中,你的工作能力特别强,每次都能给我一个超出预期的结果,我对你以往的工作很满意。这次没有按要求完成任务,是不是有别的原因?”这样就可以很好地解决问题。而如果你说:“你这次是怎么搞的? 太让我失望了。”效果就会大打折扣。

(3)批评时不能翻旧账

批评班组成员的目的是让班组成员能够意识到自己当前所犯的错误,以及知道如何改正,帮助组员提高认识。如果班组长在批评班组成员时,总喜欢把班组成员以前那些陈芝麻烂谷子的旧账也翻出来一起批评,这无疑会引发组员的逆反心理,你的批评自然难以收到良好的效果。

(4)批评时要措辞委婉

小李是一位班组长,有一次他的班组成员犯错,因为粗心少了一道工序，结果使产品变成了废品，小李并没有直接批评他，而是说："我来给你示范一下，下次可不能再犯了，不然我都快成你的私人教师了。"小李虽然只是云淡风轻地一说，但这位班组成员却明白了他的用意，从那以后，再也没有犯过类似的错误。

如果小李当时对他说："你怎么搞的，整天丢三落四的，还想不想干了？"虽然这也是批评，但肯定没有前一种批评方式取得的效果好。并且，小李如果以第二种方式批评他，也说明小李缺乏作为管理者应该具备的涵养。所以，班组长在批评班组成员时，一定要注意批评的措辞，不能太粗鲁、直白，应该适当地给班组成员留点面子。

总之，班组长一定要记住，批评也是一门艺术，它有一定的原则，只有遵循这些原则，才能既不破坏上下级之间的关系，又能促进班组健康平稳发展。

4. 班组长如何处理与组员的冲突

班组长每天和班组成员在一起工作、交往，大家之间存在矛盾、冲突是不可避免的。但班组长要想打造一个高效的班组团队，就必须处理好与班组成员之间的矛盾、冲突，否则的话，冲突加剧或人际关系不协调，就会极大影响团队的协调能力。

一般来讲，当班组长与班组成员产生矛盾、冲突时，可以从以下四个方面进行化解。

(1)引咎自责，自我批评

冲突发生后，班组长先是引咎自责，对自己进行批评，就可以在很大程度上化解班组成员的怒气，同时班组成员也会因为班组长这种"放下架子，主动搭腔"的亲民风格和真诚态度而感动，在这种情况下，班组成员也会反省自身的错误，如此一来，双方的冲突不仅化解了，感情还会得到进一步增进。

(2)不予争论，冷静处理

当冲突爆发得比较激烈或突然时，班组长最好的做法就是冷处理，不要和班组成员进行争论，争论不仅无益于冲突的解决，还会使矛盾激化，可谓火上浇油。冲突爆发时，班组长可以选择离开冲突现场，让大家的情绪都平复一下。同时班组长还可以通过中间人来周旋，这样既可以避免冲突双方直接碰面的尴尬，还可以起到化解冲突的作用，可谓一举两得。

(3)电话沟通

如果班组长找不到合适的中间人来从中周旋、调解，可以选择电话沟通的方式。

(4)宽宏大度，适度忍让

班组长作为班组中的最高领导，应该有领导者的风范，也就是要具有宽宏大度、适度忍让的品质，这不仅可以使班组成员更尊重自己，还会让很多冲突消失在萌芽阶段。不过，对于一些涉及规章制度等方面的原则性问题，如果班组成员犯了错，班组长不能忍让，更不能视而不见。要做到这一点，还需要班组长把握好宽宏大度的"度"。

处理与组员冲突的能力，也是班组长管理和沟通能力的一种具体体现。班组长要想打造一个精诚团结、战斗力超强的班组团队，就必须努力提升自己的沟通能力，以便强化处理与组员冲突的能力。

5. 班组长如何提高说服能力

班组长是不是一个合格的管理者，能否胜任班组长这个管理职位，其说服能力是一项重要指标。因为说服能力作为沟通、交流过程中的一种必备技能，它是管理过程中消除障碍、获得支持的重要手段。只有提高说服能力，才能更好地集合有限资源，施展自己的宏图和抱负。班组长要想切实提高自身的说服能力，就应该掌握和说服能力密切相关的要素。

(1)说服的条件

班组长要想让班组成员按要求去工作，光会威逼利诱是绝对不行的，只有说服班组成员，他们才会心甘情愿地开展工作。但是说服也不是一件容易的事，它需要在具备相应的条件下才能成功。

一般来说，说服要具备的条件有内容明确，条理清楚；结果和前景的可期望值；风险，应对办法；平时建立的友好、信赖关系；强大的精神力量；说服技巧的掌握；了解他人的兴趣和想法；事前疏通与氛围的制造；等等。只有满足了这些条件，说服才有可能取得效果。

(2)说服班组成员的技巧

掌握了说服的条件还不够，还需要具备说服的技巧。班组长只有将必备条件和技巧结合起来，才能在沟通时引起班组成员的兴趣，消除其顾虑，进而打动他、说服他。说服的技巧主要包括有事实依据；灵活运用数字、数据、统计结果；增添专家等权威的意见；有理论性(如因果关系等)；灵活运用视听等工具；考虑关心、期待、利害关系；等等。

同时，班组长在说服班组成员时，不要急于求成，要有耐心，适当地增加说服工作的时间和次数。最好能在说服前了解班组成员性格和特点，这样便于有针对性地展开，可以取得事半功倍的说服效果。班组长还要记住一点，有效的说服工作是建立在日常的人际关系或相互信赖的基础上的。

二、班组长的激励艺术

班组成员的需要呈现多样化状态，而以人为本的激励措施就要充分尊重组员的自我选择，与此相应的激励措施就是事业发展与规划管理。

(一)激励基础

激励是为了激发班组成员的劳动积极性、鼓舞组员的高昂情绪而采用的方法。激励主要从组员的内在动力出发，使他们在开始工作时就充满热情，发挥潜在的能量，它是一种内在的、更深刻的激励组员劳动的方式。

1. 激励的特点

(1)激励的时效性

当组员工作积极主动、完成工作的标准很高,这时就要及时地给予激励,表扬他们取得的成绩,鼓励他们继续努力。这就要求掌握激励的时效性。同时激励的准确性也很重要,笼统而模糊的激励有时会令激励乏味和贬值。

有的班组长把激励简单地等同于奖励,其实两者不是一回事。奖励侧重于事后针对组员的工作绩效给予的一种鼓励,一般是被动的;而激励主要是在事前,在工作一开始就利用一些手段鼓励、激发组员的积极性。奖励是激励的一个方面,但不是全部。有的班组长一提起激励就是钱,好像没有钱激励的事都无法办,没有钱什么激励的事都不用做,所以他们平时感觉不到激励的必要和作用。这些行为和思想都是不对的,要正确且及时、主动地采用激励的方法去引导、教育组员。

(2)激励的反向性

奖励固然是为了激发积极性,惩罚也是一种激励,是为了达到激发班组成员积极性的目的。奖与罚是对立的统一,不奖不罚不能激勤罚懒,只奖不罚,同样起不到鼓励先进、鞭策后进的作用,但应讲究惩罚的艺术。首先,惩罚要慎重,不能轻率、随意地惩罚某一个人。其次,惩罚要做到让犯错误的组员既能接受教训,分清错误的危害性质和严重程度,做到心服口服,又不挫伤其积极性;既要有真凭实据,又恰如其分;既要坚持原则,又要灵活多变,同时要尽量留有余地。

2. 激励的原则、作用与方法

(1)激励原则

激励是调动人们积极性的过程,即为了特定目的而去影响人们的内在需要或动机,从而强化、引导或改变人们行为的反复过程。

班组长在进行班组管理中应遵循的激励原则是：个人需求与班组目标结合的原则；物质激励与精神激励结合的原则；外激励与内激励结合的原则。另外班组长还应考虑正激励与负激励结合原则、按需激励原则、民主公正原则等。

(2)激励的作用与方法

班组实施有效科学的激励有十分突出的作用：有利于班组目标的需要；引导动机向对班组目标有利的行为上来；提供有利于班组目标行动的必备条件。

激励的方法大致可归纳为：成就激励、物质激励、荣誉激励、参与激励、表率激励、信任激励、情感激励、信息激励、竞赛激励、关怀激励等。

在日常的班组管理工作中还有七种班组长实施有效激励的好方法：

目，即友善的目光；

颜，即热诚的表情；

心，即诚恳之心；

身，即亲自帮忙；

语，即愉快的交谈；

席，即让座留位；

居，即整洁居所（办公场地）。

以上都是班组长们在实施激励活动中值得借鉴的。

(3)激励的“汉堡”原则及应用

在管理激励的艺术方法中，“汉堡”原则是公认和常用的一种方法。其原理是：先表扬特定的成就，给予真心的肯定，然后提出需要改进的特定的行为表现，最后以肯定和支持结束。虽然这种方法适合于大多数人，但还应该就具体情况区别对待，针对不同个体和重复发生的问题，以及不同的环境条件，采用的程度和方法应进行一定的调整和优化。

(二)需要学说

马斯洛的需要层次理论将人的需要分为五个层次,分别是:

(1)生理的需要,即食物、水、性和住所的需要;

(2)安全的需要,即保护自己不受威胁和侵害的需要;

(3)社交的需要,即友谊、影响力、归属感及爱的需要;

(4)尊重的需要,即自立权、成就感、自由、社会地位、认可和自尊的需要;

(5)自我实现的需要,即发挥自身潜力和最大限度实现理想的需要。

根据马斯洛的观点,人总是先满足低层次需要,再满足高层次需要。一旦某种需要已得到满足,就不能产生高激励力。只有在生理和安全需要得到合理满足之后,人们才关心社交、尊重和自我实现的需要。

自我实现是该理论提出的最著名的概念。马斯洛认为,只有约10%的人能达到自我实现。换言之,绝大多数人的工作和生活中还有大量未被开发的潜力。为了激发职工潜力,要建立能为职工提供培训、资源、自主权、责任和挑战性工作的工作环境。这样的组织文化赋予职工创造性地发挥技术和才能的机会,从而竭其所能创造更佳业绩。许多大企业都致力于为职工的个人发展提供机遇。某公司的培训手册中承诺:经过我们的培训,你将胜任任何公司、任何岗位或自主创业。可见需求的满足是提供有效服务的前提。

(三)激励方法

一般认为,给职工提供更高的薪酬、更好的待遇就可使职工快乐,达到激励效果。其实,金钱的确是激励职工的主要因素,一个稳固的报酬计划对吸引、保留优秀人才的确非常关键,但在实践中金钱并不总是唯一的解决办法,在许多方面它也不是最好的解决办法。原因很简单,金钱所起到的激励作用具有短时性,额外得来的现金很快会被职工花掉,并很快被遗忘,而企业希望的激励是长期性的。事实上,一些非现金却能有效激励组员的方法一直被班组长所忽视,下述是激励组员的十种方法。

1. 组员的认可激励

当组员完成了某项工作时,最需要得到的是班组长对其工作的肯定。班组长的认可就是对其工作成绩的最大肯定。在实践中,认可是最易被班组长忽视的激励方法,大多数的班组长并没有对组员的成绩给予足够认可。要做到这一点并不是很自然的事情,需要重新构建企业的管理文化。

班组长的认可是管理的秘密武器,但认可的时效性最为关键。如果用得太多,则价值将会减少;如果只在某些特殊场合和少有的成就时使用,价值就会增加。如果认可是来自更高一层的主管或经理时,对组员的激励作用会上升几个等级。采用的方法可以诸如发一封邮件给组员,或是打一个私人电话祝贺组员取得的成绩并表达对他的认可。

2. 组员的称赞激励

称赞激励是认可组员的一种形式。很多班组长吝于称赞组员,有部分班组长则将此归咎于缺乏必要的技巧。其实,称赞组员并不复杂,根本无需考虑时间与地点的问题,随时随处都可以称赞组员。如在会议时或办公室里,在轮班结束或轮班前、轮班之中的任何时候都可以给予一句话的称赞,就可达成意想不到的激励效果。当面的赞扬会取得更好的效果,关键在于及时性。当有理由来表扬一个人时,不要因为任何原因推迟。要记住,反应快捷等于有效,当成绩在组员们头脑中还很新奇时表扬组员,会起到非常不一样的效果。

3. 组员的职业生涯激励

组员都希望了解自己的潜力是什么,他们将有哪些成长的机会。在激励组员的重要因素中,组员的职业生涯问题经常被遗忘。其实,在班组内部为组员设计职业生涯可以起到非常明显的激励效应,如是否重视从内部提升,如果内部出现职缺时总是最先想到内部职工，将会给每一名组员发出积极的信息。

4. 组员的工作头衔激励

组员感觉自己在班组内是否被注重是影响工作态度和士气的关键因素。班组在使用各种工作头衔时，要有创意一些。可以考虑让组员提出建议，让他们接受这些头衔并融入其中。这是在成就一种荣誉感，荣誉产生积极的态度，而积极的态度则是成功的关键。如班组核心人员的选拔和培养，令其在相关工作活动中承担职责，则更加有利于组员的成长。

5. 给予组员一对一的指导激励

指导组员的发展，传递给组员的信息是你非常在乎他们。而且，对于组员来说，有时并不在乎上级能教给他多少工作技巧，而在乎你究竟有多关注他。无论何时，重要的是肯定的反馈。

6. 组员的领导角色激励

给组员一定的领导角色，不仅可以有效地激励组员，还有助于识别未来的备选人才。让组员主持短的会议；通过组织培训会议发挥组员的力量及技能，并让其中的一名组员领导这个培训；当某位组员参加外面的研究会或考察后指派其担任培训会议的领导，让他简短地对其他组员说明与研究会相关的内容及重点等，都是不错的激励方式。

7. 组员的培训激励

对组员而言，培训永远没有结束的时候。给组员提供培训本身就是很好的激励方式，这种培训并不一定是花钱由外部提供的，可以由班组长讲授或是内部职工交流式培训。利用外部培训作为团队内一两个人的竞赛奖励，可起到非常明显的激励效果。但一定要对外部培训的参加者建立一个结构性的计划，让其在返回时为其他组员在研讨会上做一个简要的介绍。这样就可使每个人都能以极小的代价获得知识与经验了。当然，培训的针对性和与本职工作需求的紧密结合是至关重要的。

8. 组员的团建激励

不定期的班组人员聚会可以增强凝聚力，同时反过来也有助于增强团队精神，而这样做最终会对工作环境产生影响，营造一个积极向上的工作氛围。如中秋节前夕的晚会、元旦前的合唱、重阳节的爬山、组员的生日聚餐等，这些都可以成功地将组员聚到一起度过快乐的时光，这些美好回忆会让组员感受到团队的温馨。

9. 组员的额外责任激励

在班组中肯定会有一些组员希望能承担一些额外的责任工作，或是具有挑战性的工作。作为班组长要能识别出那些人，并在有可能的情况下使责任与其能力和愿望相匹配。这里的愿望可能与相关的物质和精神激励有关，也可能与晋升的目标有关，这对那些希望承担额外责任的组员来说是一个最大的激励。

10. 组员的主题竞赛激励

班组内部的主题竞赛不仅可以促进组员绩效的上升，更重要的是，这种方法有助于保持一种积极向上的环境，对降低人员流动率效果非常明显。一般来说，可将假期、周年纪念日、运动会以及文化活动作为一些竞赛的主题。班组中适当的运动无疑给各种不同的竞赛提供了机会，文化活动也可以用来创造一些班组工作的主题竞赛。

上述十种方法可在不同场合下综合运用，要注意每一种方法的使用都必须考虑其频率，不宜过多地使用同一种方法激励组员。

第四节　领导力提升

一、权力的含义

经典管理学将权力分为五种：法定权力、奖赏权力、强制权力、专家权力与参照权力。

与管理岗位高度相关的权力分别是法定权力、奖赏权力和强制权力。班组长走上工作岗位后就具备了以下三种权力，首先是法定权力，班组长按照组织的规章有了指派组员干活、指挥和指导他们工作细节的权力；同时，班组长也有了奖赏和激励组员的权力，可以表扬他们，决定他们的绩效分配；如果组员的工作出现错误，班组长也有批评和惩罚他们的权力，这是强制权力。这三种权力都是伴随着管理岗位而来的权力，很多班组长就是根据岗位权力开始自己的管理工作的。

专家权力是指一种业务上的能力，是在特定领域具有的专业知识和技术形成的影响力。老师的专家权力是能够讲出精彩的内容，让学员觉得有趣，让他们服气，让他们有收获。班组长的专家权力是在自己工作的专业领域有过硬的技术能力，能在突发事件中迅速找到突破点并能带领组员快速解决。具备专家权力的班组长在管理中展现的影响力更强，更容易让大家服从命令听指挥。

参照权力也叫作个人魅力，是因个人魅力而产生的影响力。优秀的人会有自信、坚持、专注和忘我等特质，很多人听他讲上一番话，就会下决心要跟他一起做事，会被他身上散发的魅力所影响，而成为一个诚心诚意的追随者，这就是参照权力的作用。

专家权力和参照权力，都是岗位之外的权力来源，它们跟岗位无关，却可以超越岗位影响下属，是更高级的影响力。

二、领导力

1. 领导力的含义

领导力是存在于领导者和被领导者之间施加影响的一种关系。任何的组织，都是由一群独立的个人构成的，之所以要形成一个组织，就是因为靠一个人无法达成目标，所以需要一群人形成一个有目标并且能有效协作的组织，而这个组织必须有一个领导者去引领，否则群龙无首。领导者完成这个任务的基础不仅仅来自他的岗位所赋予他的权力，还来自超越岗位权力的影响力。领导力不仅包括法定权力、奖赏权力、强制权力，还包括专家权力和参照权力。

总之，领导力是一种影响力，著名管理学家韦尔奇有一句名言："当你成为领导者之前，自己的成长是成功；而你当了领导者之后，帮助他人成长，才是真正的成功"。

2. 领导力修炼

组织由一线的工作单元所驱动，在一线工作单元里领导者、团队和客户是一种协同互动的关系，这个组织是靠领导力推动的，因此人人都有可能成为领导者。

领导力不是天生的，领导力是可以修炼的。有一位著名的表演艺术家曾经说过："当你第一次演戏时，你是在演另外一个人，当你演了一百遍以后，你演的就是你自己。"同样，当不断练习成为一个好的领导者，就离成为一个好的领导者更进一步。

很多专业人士在走向管理岗位之后没有意识到自己身份的变化，想要成为一个优秀的班组长要区别领导岗位职能和普通职工岗位职能，通过大量的学习实践和反复练习提高自己的领导力。

三、有效追随

追随者是和领导者相对应的、受到领导者影响力支配的一群人。领导者和追随者，是组织中的两类角色，它们相互对应地存在着，增加领导者影响力的目的就是想帮助领导者超越管理者的层次，把更多的下属转化为追随者。

1992年，管理学家凯利在采访了大量的领导者和追随者之后，总结了五种追随者的风格。凯利对追随者的区分采用了如下两个标准：

(1)追随者是否积极。积极的追随者可以全身心地投入到组织中来，并且有更强的工作主动性和积极性。

(2)追随者是否具有独立性和批判性思维。

凯利使用这两个标准把所有的追随者分成了五类人:有效的追随者、循规蹈矩者、不合群的追随者、实用主义的生存者及被动的追随者。

有效的追随者是领导者最值得依赖的对象,因为他们能够积极地投身在组织的目标之中,同时,他们又不简单地盲从,有能力进行独立客观的判断分析,敢于发表不同意见,敢于担当,对组织的目标负责。可以说,如果一个领导者没有私心,一心为组织的目标着想的话,有效的追随者越多,组织就会越高效。打造有进取心的组织就是要创造更多的有效追随者。

循规蹈矩者的特点是唯命是从,从某种意义上表现出来的,很像一个盲从者。

不合群的追随者的独立性和批判性思维能力也很强,但是,因为各种各样的原因,他们态度消极,甚至对于组织表现出了一定的破坏性。

实用主义的生存者的特点是见风使舵,善于隐藏自己。

被动的追随者是指既没有独立思考的能力,也不会积极主动地参与组织的事情。

领导者要想打造一个优秀的组织,不仅要找到那些有效追随者,还要通过领导能力的提升将其他类型的下属培养成有效追随者。

四、班组长画圆的艺术

领导者的技能包括技术性能力、人际性能力和概念性能力这三类。管理的层级不同,对这些技能的要求也不一样。

1. 能力跃迁

“技术性能力”,就是一个人完成某一项特定工作时,他应该具备的专业知识和相关的操作能力。任何管理者其实都应该从这种能力起步。

一名职工由于工作能力优秀会被提拔为班组长,这时对他最重要的还是技术性能力,因为班组长的工作在一线,除了从事技术工作外还要承担培养他人、解决难题,或者是特殊工作的任务。班组长在管理学被定义为基层管理者,因为班组长已经具备了管理职能。

成为基层的领导者后技术性能力依然是最重要的,但要开始注意培养自己的第二种能力“人际性能力”。人际性能力是跟他人进行沟通、协调、组织合作的能力,细分为纵向能力和横向能力:

(1)纵向能力是上下级沟通的人际性能力;

(2)横向能力是同级协调各个部门的人际性能力。

纵向能力与横向能力的区别是在基层岗位时纵向的人际性能力会使用得比较多,但随着职位变高,班组长真正成为中层或者高层领导者时,横向的人际性能力就变得格外重要了。

在一个企业里中层领导者是比较难当的,因为他常常处于矛盾的焦点之中。对上,要承担责任,不能找各种借口来为自己完不成任务推脱,更不能把问题和困难一股脑地往上推。对下,要解决各种复杂棘手的业务问题,甚至有时还要代人受过。横向,可能遭遇各种不配合,还不能把问题如实向上级汇报,因为搞坏了关系,后患无穷。

第三种能力是“概念性能力”,它是一种综合分析局面,找出趋势,找出时机,找出方向,找出目标的能力。对于一个组织来说,概念性能力是最难的能力,但却是成为高层领导者所必须具备的能力。

2. 画圆和摆圆

班组长领导力的核心是画圆的能力。一个优秀的组织中上层领导、班组长和组员的关系应该是三个同心圆。上层领导的圆比较小,班组长处于中间,组员的圆处在最外面是最大的圆。班组长的任务就是帮助上层领导把力量实现整合,把上层领导者确立的长期目标转化成行动方案，转化成组员每天的行动，把组员的那个圆用好。

同心圆是个理想的情况，但现实中这三个圆通常不是一个同心圆，而是圆心各自不同的圆，圆心是由每个群体的特殊利益等因素决定的。前面说的三个圆实际上是一个纵向的关系，其实在旁边还存在一个圆，就是相关部门的圆。因此班组长很多情况下还要应对旁边这个圆，要处理好和相关部门的关系，每个班组长所做的工作，本质上就是学会摆好这四个圆。

(1)建立“平衡点”意识，要学会通过平衡点尽可能把纵向的三个圆的圆心往一起拉。在任何组织里，都是上级领导不断交代任务，由班组长去落实和执行。很多班组长在接到任务之后会下意识地把这个任务直接交代给组员去完成，这就缺少了“平衡点”意识。班组长从接受任命那一天开始，就已经不再是“一个人吃饱、全家不饿的单身汉”了，让组员有序生产是班组长的基本责任。如果组员这个大圆画不圆，基本盘不稳，任务就会完不成。

班组长上任的第一天，就要在心里画好上级领导的圆、自己的圆以及组员的圆，想明白这些圆的位置是由什么样的动机和需求决定的。任务来了后，在简单地传递任务之前第一步要想的应该是如何在这个任务下面把这三个圆串成一个链条，通过一个平衡点调整不同圆心的位置，让这三个圆之间的交叉面积最大，要去想象怎么能做到领导赢，自己赢，组员赢的统一。领导赢、组员赢才是你赢，任何一方输了，最后可能都是你输了。

(2)建立“大局”意识，学会用领导的小圆去拉动相关部门的圆，就是刚才说的旁边的那个圆。对待上级领导交办的事情，有时要借用相邻部门的资源。遇到相关部门不配合的情况，不要轻易对领导说“我做不了”。要先表明态度是非常积极的，先试试同相关部门沟通一下，虽有可能办不成，但没关系，先去做，有问题及时从大局上向领导汇报。汇报过程中要换到上层那个圆上去想问题。要学会用上层的圆去摆隔壁的圆，用上层的眼光去考虑资源如何整体调配、使用，然后再想部门协同的必要性。担责就是要对结果负责，体现在从领导的大圆角度提出跨部门的解决方案。

不断提升技术性能力、人际性能力和概念性能力，处理好领导、班组长、组员之间的关系，提高画圆的艺术，作为一名班组长的领导力就会得到进一步加强。

第五节　班组长职业心态与情绪管理

班组长是生产一线的直接指挥者和管理者，优秀的班组长不但需要出类拔萃的业务和技术能力，更需要良好的职业心态和情绪管理。

一、班组长的职业心态

职业心态是指班组长在班组团队管理运作中，根据岗位职责需求表露的心理感情，即班组长在岗位管理活动中对自己工作岗位及职业能否成功的心理反应。

职业心态也是一个人的心理素质，职业心态对班组长来说非常重要，一个优秀的班组长只有具有稳定的心态，才会带领班组团队创造出很好的业绩。班组长管理岗位处于企业组织结构的最基层，要面对复杂烦琐的生产工作事务和上级主管的工作要求，因此，企业常常将职业心态作为衡量班组长综合管理能力或任职条件之一。所以，作为生产一线的班组长，必须端正自己的态度，拥有良好的心态。

（一）班组长的阳光心态

阳光心态是积极、知足、感恩、客观的一种心智模式。有什么样的心态，就会有什么样的人生。积极、正面的心态能帮助我们获得健康、快乐和财富；而消极、不良的心态带给我们的只会是痛苦。

心灵的力量是无穷的，只有拥有阳光乐观的心态，才能在工作中宠辱不惊并且能够战胜工作中的各种困难。例如，班组长在工作中会遇到物料包装异常、人员操作失当、设备运行超速和生产任务紧急等各种异常或突发情况，这就需要班组长具有良好的职业心态，在面对各种困难时，能够宠辱不惊地调整自己的心理状态并有条不紊地处理好各类生产异常情况。

（二）班组长的积极心态

积极心态主要是指积极的心理态度或状态，是个体对待自身、他人或事物积极、正向、稳定的心理倾向，它是一种良性的、建设性的心理准备状态。面对工作中的问题、困难、挫折、挑战和责任，班组长可以从正面去想，从积极的一面去想，从可能成功的一面去想，并积极采取行动，努力去做，也就是在工作中多运用肯定性思维、积极思维、可能性思维去处理问题。这主要指做事方面。积极心态，也是一种生活态度，阳光般地把工作中的一切困难和问题当作一种历练。因此，作为班组长面对种种困难时，要有自信、敢于挑战，用美好的感觉去影响别人。

（三）班组长的执着心态

执着心态指班组长对积极达成工作目标的信念应有极强的渴望，为实现工作业绩目标应体现出坚持不懈的意志。在此，强调班组长对工作执着的心态，更多的含义在于强调一种专注和投入的精神，强调一种班组长对自己的职业规划发展和人生价值观与信念的坚持。执着是个人意志的外在表现，一定条件下能够帮助班组长克服班组团队管理工作的种种困难。

（四）班组长的空杯心态

空杯心态是指班组长在工作中要有从零学起、永不自满的好心态。班组长应学习各方面的管理知识和管理经验，不能有骄傲自满的心态。这里并不是指一味地否定过去，而是要怀着学习的态度或者说放空过去的一种态度，去融入新的环境，接受新的思想和未知领域的知识。

空杯心态是班组长对职业生涯的一种自我挑战和永不满足，是对自我的不断扬弃和否定，是一种忘却以往成功的心态。作为一线管理者需要不断学习，来提升和追求以往没有过的目标，从而不断洗涤自己的大脑和心灵，使自己养成与时俱进的行为习惯。

二、班组长的情绪管理

情绪是我们内心的状态，它对我们工作和健康有深远的影响，有效地管理情绪可以帮助我们保持积极的心态，提高工作质量。尤其对于班组长来说，只有管理好自己的情绪才能更好管理班组成员。

情绪调节、管理的目标是激发和保持高兴、愉快、兴奋等良性情绪，杜绝和排除愤怒、焦虑、自卑等不良情绪，通过情绪管理可以开发心理潜能、增进身心健康、预防心理疾病。

(一)情绪调节的基本方法

情绪调节的基本方法包括浅层置换法、心潮调节法、认知改变法等。

1. 浅层置换法

浅层置换法是调节情绪的一个基本方法，因为浅层中的不良情绪能以"情绪内闯流"的方式频繁闯入意识，从而使人反复体验愤怒、痛苦、悲哀等不良情绪，对人的智力活动造成妨碍，并严重破坏身心健康。用浅层置换法把浅层中的不良情绪排除到深层中去，就可以避免上述"情绪内闯流"擅自闯入意识，从而避免了不良情绪对智力活动和身心健康的破坏。

2. 心潮调节法

心潮调节法也是调节情绪的一个基本方法，因为心潮的潮位可以影响情绪的强度，二者互为正比，即心潮潮位越高，情绪的强度就越大；反之，心潮的潮位越低，情绪的强度也越小。比如，如果某一时期情绪过于强烈，可以通过降低心潮的方法来降低情绪的强度；反之，如果某一时期，情绪过于冷淡、淡漠，则可以通过提高心潮的方法来提高情绪的强度和热情度。

3. 认知改变法

如果说通过浅层置换法可以把已产生的不良情绪排除、置换到深层中去，使其不再能够产生危害，那么，通过改变认知的方法则可以从根源上杜绝各种不良情绪的产生。要改变不合理的认知，需要掌握必要的心理学知识和哲学辩证法知识，同时具有广博的知识视野，从而有效地避免钻入不合理认知的死胡同，杜绝各种不良情绪的产生。

(二)班组长要学会调节组员情绪

在一个班组中总有人会因主观或客观原因，在班组工作中产生消极思想、懈怠情绪，在安全作业过程中"只是推磨，不是出面"，甚至悲观失望、自暴自弃，不仅影响他人，影响班组安全生产，也影响到其个人的前途。因此，班组长平时要善于把握组员的各种心态，当有人出现不良情绪时，要能及时洞察，并巧解其思想疙瘩，帮助其理顺情绪，化消极为积极，变阻力为动力。

1. 多谈心，弄清原委

组员在生产工作中出现懈怠情绪总是有原因的，有的是受到了不公正的待遇；有的是年龄偏大，工作没有了动力；有的是认为自己没能被放在适合发挥自身特长的岗位上，有一种怀才不遇的感觉；有的是在一个岗位上时间太长，产生了混日子的思想等。对此，班组长首先要通过谈心，搞清楚组员产生不良情绪的原因，然后，对症下药，理顺其情绪。

在谈心时要做到以下几点：一是要放下架子，平等相待。班组长要以平等、和蔼、商量的口气与组员谈话，让其在被尊重的感觉中消除隔阂。二是要态度诚恳，注意倾听。班组长只有抱着对组员负责的态度，诚恳实在、愿听真话、真心解决问题，才能赢得组员的信任，听到组员的心声，弄清问题的原因。三是要有的放矢，以理服人。弄清了组员情绪消极的原因，班组长就要在适当的时间、适当的地点、选择适当的方式做好安抚工作。对受到不公正待遇的，要还其一个公道，或给予适当的补偿；对认为自己即将“船到码头车到站”的，要进行说服教育，使其认识到自己的职责，站好最后一班岗；对在一个岗位工作时间太长产生混日子思想的，要晓以大义，阐明利害，做好说服教育工作。

2. 多关心，消除症结

在班组工作中存在懈怠情绪的组员，不少是因为得不到班组长的重视，长期受班组长的冷落。对待这种情况，要调动他们的工作积极性，班组长要多给他们关心照顾，拉近与他们的距离。具体来讲，就是在工作上多关心、生活上多照顾。工作上多关心就是要关心组员的工作前途，该推荐时要鼎力推荐；该提拔时要及时提拔；有锻炼机会时要将其放到合适的岗位上进行锻炼，促其成才。生活上多照顾就是对组员的生活困难、家庭难题要心中有数，能解决的及时帮助解决，能照顾的多给点照顾，能调解的出面进行调解。总之，就是要把关心和爱护渗透到组员生活的方方面面。组员一旦觉得班组长对自己关怀备至，自然会在心理上产生亲近感，也会为班组安全生产倾力工作。

3. 树信心，给其动力

让班组工作中情绪懈怠的组员振作起来，一个重要的步骤就是要帮助他重树信心、重振精神。具体应做到三个方面：一是充分信任。班组长在交给组员特别是情绪懈怠的组员某项工作任务时，要给予充分的信任，多说几句“我相信你一定能把这项工作干好”“班组相信你一定能完成任务”，这样能充分调动组员的积极性和激发他们的潜能。二是放权支持。班组长对组员的信任不能仅仅停留在口头上，而是要落实在行动上，即要支持组员在职权范围内放开手脚、大胆工作。作决策时，涉及组员职权范围内的事应听取、征求和尊重组员的意见，正确的予以采纳，不能采纳的要解释清楚；对组员所进行的工作，既要关心进展情况，及时进行督促鼓励，又不可具体参与、干涉过多；在组员工作遇到困难时，要帮助解决，工作有了成绩时，要及时肯定。三是妙用激将法。人或多或少都有争强好胜、想干一番事业的天性，工作中情绪懈怠的人只是由于某些原因暂时压抑了这种本性而已。如果对某些组员运用前两种方法不能唤起其工作热情，班组长也可转换思路，反其道而行之，做出认为其一无是处，连一些简单的工作也搞不好的姿态，给其以当头棒喝，促其猛醒，从而激发组员潜在的斗志。

4. 定任务，给其压力

对于组员尤其是存有懈怠情绪的组员，有时光给信心动力还是不够的，必要时还要给其施加一定的工作压力。作为班组长，可以在一段时间内给其制定一定的工作目标，并规定工作目标完成的标准，以及完成工作目标所得到的益处和完不成工作目标所要受到的惩罚。在其完成工作目标的过程中要适时进行督促检查，在工作目标完成以后及时兑现奖励。当然，给组员施加工作压力要把握好度，不能无视组员的实际工作能力及一些客观条件的制约，而一味地让组员干这干那，如果你所布置的生产工作任务超过了组员的承受能力，或者让组员整天忙得晕头转向，不但不能使其有一个良好的工作状态，反而会使其产生逆反心理，认为班组长是在故意“整”他，从而引发更强烈的懈怠情绪。

第三章 班组安全管理

班组是企业安全生产的基础。只有搞好班组的安全管理，整个企业的安全生产才有保障。安全至高无上，班组长要切记。有了安全，不一定有一切，但没有安全，一切都没有。对班组长来讲，现场安全管理要求做到四个必须：一是必须有安全意识，把班组现场的生产安全视为自己的生命；二是必须学好国家及企业制定的有关安全生产的各种法规制度，要不打折扣执行；三是必须制定班组现场安全操作规程，搞好组员安全培训，使每位组员都重视安全，执行安全规程，堵住安全事故易发的各个环节和细节；四是班组长必须成为班组安全的带头人、第一责任人，并明确相关奖惩制度。

班组安全管理是班组的一项基本职能，它与安全生产有着密切的联系，是保证安全生产的前提，也是企业安全管理的基础，其目的就是从根本上提高班组成员的安全意识和技术业务水平以及对事故的规避能力，从而为安全生产奠定思想和技术基础。

第一节 安全生产法律法规

一、《中华人民共和国安全生产法》概述

《中华人民共和国安全生产法》（简称《安全生产法》）是为了加强安全生产工作，防止和减少生产安全事故，保障人民群众生命和财产安全，促进经济社会持续健康发展而制定的。

该法律强调："安全生产工作应当以人为本，坚持人民至上、生

命至上，把保护人民生命安全摆在首位，树牢安全发展理念，坚持安全第一、预防为主、综合治理的方针，从源头上防范化解重大安全风险。”这也是铁路安全生产的指导思想，是铁路职工在长期运输生产实践中，以巨大的经济损失甚至是鲜血和生命作代价所积累经验的高度概括。作为班组长，要充分理解并在生产中具体落实这一指导思想。

二、《中华人民共和国铁路法》概述

《中华人民共和国铁路法》(简称《铁路法》)于 1990 年 9 月7 日第七届全国人民代表大会常务委员会第十五次会议通过，根据 2015 年 4 月 24 日第十二届全国人民代表大会常务委员会第十四次会议第二次修正。这是我国历史上第一部，也是唯一一部国家管理铁路的法律。它的颁布，是我国铁路法制建设进程中一件具有里程碑意义的大事，标志着依法治路时代的开启。

《铁路法》共六章七十四条，包括第一章总则，第二章铁路运输营业，第三章铁路建设，第四章铁路安全与保护，第五章法律责任，第六章附则。

《铁路法》在铁路法律体系中，具有母法的性质，其他铁路法规、规章及规范性文件，都不得与《铁路法》规定相违背、相冲突。《铁路法》全面规范了铁路规划、建设、运营、安全保护、监管、法律责任等方方面面的内容，既涉及行政法律关系的调整，又涉及民事法律关系的调整，是一部综合法。相对于全国人大制定的用于调整基本法律关系的“一般法”而言，《铁路法》是一部“特殊法”。按照《中华人民共和国立法法》对法律适用的规定，同一机关制定的法律，特别规定与一般规定不一致的，适用特别规定。

三、《铁路安全管理条例》概述

《铁路安全管理条例》是为了加强铁路安全管理，保障铁路运输安全和畅通，保护人身安全和财产安全而制定的。规定由国务院铁路行业监督管理部门负责全国铁路安全监督管理工作，国务院铁路行业监督管理部门设立的铁路监督管理机构负责辖区内的铁路安全监督管理工作。

从事铁路建设、运输、设备制造维修的单位应当加强安全管理，建立健全安全生产管理制度，落实企业安全生产主体责任，设置安全管理机构或者配备安全管理人员，执行保障生产安全和产品质量安全的国家标准、行业标准，加强对从业人员的安全教育培训，保证安全生产所必需的资金投入。

铁路监管部门、铁路运输企业等单位应当按照国家有关规定制定突发事件应急预案，并组织应急演练。同时，该条例还规定禁止扰乱铁路建设、运输秩序。

四、《铁路交通事故应急救援和调查处理条例》概述

《铁路交通事故应急救援和调查处理条例》于 2007 年由国务院公布，共分八章四十一条，包括总则、事故等级、事故报告、事故应急救援、事故调查处理、事故赔偿、法律责任及附则。条例对加强铁路交通事故的应急救援工作，规范铁路交通事故调查处理，减少人员伤亡和财产损失，保障铁路运输安全和畅通发挥了积极作用。

第二节　安全双重预防机制

一、双重预防机制概述

双重预防机制就是构筑防范生产安全事故的两道防火墙。第一道是管控风险，以安全风险辨识和管控为基础，从源头上系统辨识风险、管控风险，努力把各类风险控制在可接受范围内，杜绝和

减少事故隐患。第二道是排查治理隐患,以隐患排查和治理为手段,认真排查风险管控过程中出现的缺失、漏洞和风险控制失效环节,坚决消灭隐患。

可以说,安全风险管控到位就不会形成事故隐患,隐患一经发现及时治理就不可能酿成事故,双重预防的工作机制就是把每一类风险都控制在可接受范围内,把每一个隐患都治理在形成之初,把每一起事故都消灭在萌芽状态。

二、安全风险分级管控

1. 安全风险

风险是指发生危险事件和危害暴露的可能性,与随之引发的人身伤害、健康损害、财产损失或环境破坏的严重度的组合。其中,可能性是指事故(事件)发生的概率;严重度是指事故(事件)一旦发生后,将造成的人员伤害和经济损失的严重程度。

2. 风险分级

风险分级指企业根据法律、法规、标准要求并结合自身实际,通过采用科学、合理方法对危险源所伴随的风险进行定性或定量评价,确定风险可接受程度,根据评价结果划分风险等级。常用的等级划分为:

(1)重大风险:是可能导致人员群死群伤,或旅客列车冲突、脱轨、火灾、爆炸或重大经济损失,或引起媒体和公众强烈关注的安全风险。

(2)较大风险:是可能导致人员伤亡,或其他列车冲突、脱轨、火灾、爆炸或较大经济损失,或引起媒体和公众普遍关注的安全风险。

(3)一般风险:是可能导致人员伤害,或发生安全险情,或设备设施损坏的安全风险。

(4)低风险:是可能危及人员安全,或导致中止行车,或设备设施故障的安全风险。

3. 风险管控措施

风险管控措施是指为将风险降低至可接受程度，针对该风险采取的管控方法和措施。

风险管控应遵循“分类、分级、分层、分专业”的原则，针对风险特点和分析研判结果，按照全员、全方位、全过程管控和人防、物防、技防综合施策、源头防范的原则，依据风险的不同级别、所需管控资源、管控能力、管控措施复杂及难易程度等因素，针对每个风险点分别研究保证风险可控、受控的管控措施，确定不同管控层级的风险管控方式和管控责任。组织领导层面的管控措施应侧重于所管控风险涉及的安全决策、研究部署、调查指导方面；专业管理层面的管控措施应侧重于所管控风险涉及的专业管理方面，其中，专业部门应侧重于专业、技术、安全、应急管理和专业对规检查方面，综合部门应侧重于机构设置、人员配备、安全投入、教育培训、考核机制和监督检查方面；生产组织层面的管控措施应侧重于所管控风险涉及的规章、制度、标准的组织、执行、检查、鉴定等方面；作业执行层面的管控措施应侧重于所管控风险涉及的操作规程、作业标准、应急预案等方面。做到同一风险在不同层级、不同岗位的管控措施、责任各有侧重，为本层级安全生产职责、各管理岗位安全生产职责、工作标准制定提供准确依据。

三、安全隐患排查治理

风险管控措施失效或弱化极易形成隐患，酿成事故。铁路运输企业应建立隐患排查机制，常态化开展隐患排查治理工作，及时发现和消除影响运输安全的隐患。

1. 隐患排查重点

按照确定的风险及管控措施，重点排查规章制度、技术标准、生产组织、作业行为、设备状态、结合部、外部环境、季节性特点、恶劣天气、自然灾害和应急处置等方面存在的隐患，将失控可能性大、后果严重的风险所在部位确定为隐患排查的重点部位，全面查找人的不安全行为、物的不安全状态、环境的危险状态、管理上的缺陷。

2. 隐患排查的渠道和方式

排查发现隐患的主要渠道包括：企业内外部隐患举报、信息收集，外部安全检查、评价和检测，重点部位的日常监控，企业或部门的综合检查、专项检查，岗位、班组的日常检查，专业对规对标检查、专业评价，安全管理评估，安全生产标准化自评，以及各类事故、故障及安全信息对比分析等。

隐患排查的方式主要包括：全面排查、专项排查、日常检查、专题调研、事故故障剖析、安全信息大数据分析、季节性和关键时期排查等。隐患排查应与各类安全监督检查、安全评估评价、专项整治攻关、设备质量鉴定、阶段性安全大检查等工作有机结合，查找每个岗位、每项流程、每个环节、每个生产场所等可能存在的事故隐患。

3. 建立隐患库

铁路运输企业、专业部门、站段要分别建立隐患库，对排查出或接到报告、通知的隐患进行全面梳理汇总，逐件确定隐患名称、隐患等级、整治措施、责任部门(单位)、责任领导、整改时限、整治进展情况、销号情况等内容，动态更新整治进展和录入新发现隐患，并全过程跟踪排查治理情况。日常安全信息追踪分析、典型事故故障暴露的突出隐患和常态化检查发现的隐患要及时纳入隐患库。已销号问题在隐患库中要长期存查。

任何单位和个人发现危及安全生产的事故隐患，均有责任和义务向安全管理部门和有关部门报告。相关部门接到隐患报告后，应立即组织调查核实；发现所报告隐患应当由其他有关部门处理的，应当立即移交有关部门并记录核备，或向上级主管部门报告。对本层级难以协调整治的隐患,相关单位、部门应书面报告上级主管专业部门,报告的主要内容应包括:隐患现状及其产生原因,危害程度和整改难易程度分析,治理建议方案等。需要上级部门、其他铁路单位或地方政府协调解决的,有关部门或单位应主动采取行文(函)等方式与责任主体单位沟通协调,督促制定落实整改措施,并抄报上级主管专业部门。

4. 闭环治理隐患

隐患治理应分析隐患产生的具体原因,重点从技术和管理手段等方面制定治理措施。治理措施应包括针对隐患的纠正措施和预防措施,并尽量将措施融入现有的工作程序、标准中,确保措施的持续有效实施。隐患治理措施的内容一般包括:在考虑以往措施基础上的新增措施及其实施步骤;责任部门及人员;人员、资金等方面的资源需求;实施时限;治理效果验证标准;跟踪验证的责任人。

第三节　班组安全建设

一、明确安全生产责任

(一)安全生产责任制

《安全生产法》第一章第四条明确:"生产经营单位必须遵守本法和其他有关安全生产的法律、法规,加强安全生产管理,建立健全全员安全生产责任制和安全生产规章制度,加大对安全生产资金、物资、技术、人员的投入保障力度,改善安全生产条件,加强安全生产标准化、信息化建设,构建安全风险分级管控和隐患排查治理双重预防机制,健全风险防范化解机制,提高安全生产水平,确保安全生产。"

有了安全生产责任制,在发生行车、人身伤亡事故后,就能较清楚地进行调查分析，弄清从管理到操作各方面的责任，并对分析事故原因、吸取教训、制定预防措施、避免类似事故的重复发生等能起到制度上的保证作用。

1. 生产经营单位的主要负责人是本单位安全生产第一责任人，对本单位的安全生产工作全面负责。其他负责人对职责范围内的安全生产工作负责。

2. 安全生产工作实行管行业必须管安全、管业务必须管安全、管生产经营必须管安全，强化和落实生产经营单位主体责任与政府监管责任，建立生产经营单位负责、职工参与、政府监管、行业自律和社会监督的机制。

3. 生产经营单位应当关注从业人员的身体、心理状况和行为习惯，加强对从业人员的心理疏导、精神慰藉，严格落实岗位安全生产责任，防范从业人员行为异常导致事故发生。

4. 从业人员在作业过程中，应当严格落实岗位安全责任，遵守本单位的安全生产规章制度和操作规程，服从管理，正确佩戴和使用劳动防护用品。生产经营单位的从业人员不落实岗位安全责任，不服从管理，违反安全生产规章制度或者操作规程的，由生产经营单位给予批评教育，依照有关规章制度给予处分；构成犯罪的，依照刑法有关规定追究刑事责任。

（二）班组长安全生产责任

1. 认真贯彻执行国家和上级安全生产方针、政策、法律、法规、规定、制度和标准，积极配合与完成上级布置的安全生产各项工作任务。

2. 组织组员学习、贯彻执行企业、车间各项安全生产规章制度和安全操作规程，教育组员遵章守纪，制止违章行为，消除事故隐患。

3. 组织安全活动，坚持班前讲安全，班中检查安全，班后总结安全。

4. 组织安全检查，发现不安全因素及时组织力量加以处理，并报告上级，发生事故立即报告，并组织抢救，保护好现场，做好详细记录，参加和协助事故调查、分析，落实防范措施。

5. 搞好安全消防措施、设备的检查维护工作，使其经常保持完好和正常运行，督促和教育组员合理使用劳动防护用品，正确使用各种防护器材。

6. 对发生的事故严格遵循“三不放过”的原则：事故原因分析不清不放过，事故责任者和群众没有受到教育不放过，没有防范措施不放过。

7. 组织安全生产竞赛，在组员晋级、评奖时把安全生产情况作为考核内容之一。

（三）岗位人员安全生产责任

1. 对本岗位的安全生产负直接责任。

2. 认真学习、切实执行安全技术规则和各项规章制度，严格遵守作业纪律和劳动纪律，树立人人都是安全第一责任者思想。

3. 自觉接受安全生产教育和培训，努力学习技术业务知识，提高自身业务素质，掌握安全操作技能，增强工作责任心。特种作业人员必须接受专门培训，经考试合格取得操作资格证书后方可上岗。

4. 积极参加各种安全活动，主动提出合理化建议和改进措施，爱护和正确使用机械设备、工具和防护用品。

5. 在现场作业中互相协作、互相监督，做到安全生产、文明生产。

6. 发现机械、设备、设施等不安全因素时，要立即采取措施并及时向上级报告。

7. 新职、转岗人员，以及见习生、临时工，必须经过安全教育和考试，合格后方可上岗。在学习、见习或临时工作期间，应在操作熟练的职工监护指导下作业，严禁单独作业。

二、严格班组安全检查

安全检查是发动和依靠群众做好劳动保护工作的有效方法，也是预防和杜绝工伤事故，改善劳动条件的一项得力措施，还可以起到交流经验、互相促进、互相学习的作用。

(一)安全检查的内容

1. 检查有无进行三级教育。
2. 检查安全操作规程是否公开张挂或放置。
3. 检查在布置生产任务时有无布置安全工作。
4. 检查安全防护、保险、报警、急救装置或器材是否完备。
5. 检查个人劳动防护用品是否齐备及正确使用。
6. 检查工作衔接配合是否合理。
7. 检查事故隐患是否存在。
8. 检查安全计划措施是否落实和实施。

(二)安全检查的方法

1. 定期检查:班组每月定期检查至少进行一次，对查出的问题进行认真分析，制定切实可行的整改措施，狠抓落实，不走过场。

2. 日常检查:主要是对危险作业、关键部位进行随时随地检查，针对外界条件可能给生产带来的危害进行安全检查。

3. 专业性检查:如防寒保暖、防暑降温、防火防爆、制度规章、防护装置等。

另外，还有节假日前的例行检查和安全月、安全日的群众性大检查。班组长教育班组成员养成时时重视安全、经常注意进行自我安全检查的习惯，是实现安全生产，防止事故发生的最重要方式。

(三)安全检查的重点

1. 作业前安全检查重点

(1)查看班前安全会是否按时召开。检查风险研判项点是否全面，查看工作分工是否同步交代安全注意事项，了解未参会人员原因。

(2)检查正在开展的安全活动落实情况。了解活动是否按计划推进，发现并解决了哪些问题，推进落实的难点。

(3)确认岗位安全生产责任制是否落实。明确本岗位安全生产责任制的内容，岗位之间配合作业安全职责划分无失职现象。

(4)了解本工种安全技术操作规程掌握情况。做到人人熟悉本工种安全技术操作规程，深入理解内容实质要求。

(5)确保作业环境和作业位置清楚并符合安全要求。做到人人熟悉作业环境和作业地点，明确安全注意事项，环境整洁，符合文明生产要求。

(6)查看机具、设备准备情况。确保机具设备状态良好，无带病作业现象，位置摆放合理，相互之间无干涉，安全装置符合要求。

(7)检查个人防护用品是否穿戴好。个人防护用品齐全、可靠、符合要求。

(8)有无其他特殊问题。参加作业人员身体、情绪正常，没有酒后上岗、心不在焉等现象。

2. 作业中安全检查重点

(1)有无违反安全纪律现象。各岗位密切配合，做好自控、互控和他控；不做互相打闹、聊天等与工作无关的事情。

(2)有无违章指挥现象。违章指挥出自何人，是执行了还是抵制了，抵制后又是怎样解决的。

(3)有无不会操作和误操作现象。及时制止，查清操作人员和发生原因，尽快消除不良影响。

(4)有无违章作业现象。是否图省事而简化作业程序，安全防护是否到位，作业中个人是否按要求佩戴防护用品，是否按规定持证操作设备等。

(5)作业环境和场所有无不安全现象出现。生产场所建筑设施无异常，电气设备和电线路正常，作业场所温度正常，无异味和异常声音出现。

(6)检查作业人员的特异反应。观察作业人员身体及精神状态是否正常，是否疲劳作业。

3. 作业后安全检查重点

(1)卫生清扫是否到位。作业场地清扫干净，无油脂，无杂物，无易使人滑跌的物件。

(2)工机料具和设备整顿是否到位。切断电源，设备工作部件回收还原到位；工机料具清理整洁，清点后定置存放。

(3)材料、物资整理是否到位。清理回收有用品，清除上交无用品，堆码摆放整齐。

(4)其他问题的解决情况。如下班后是否清点人数，本班次遗留安全问题是否采取临时性安全措施，是否及时报告上级，关门、断水、断电是否到位等。

安全管理重在预防。班组长在生产现场要保持对异常情况的高度警觉，巡查事故隐患，对发现的问题及时处理和报告，并立即改善。改善达到预期效果后，把改善措施标准化，并在生产现场进行推广和教育。

三、开展班组安全教育

(一)安全生产教育的内容

1. 思想教育。主要是正面宣传安全生产的重要性，选取典型事故案例进行分析，从事故的社会影响、经济损失、个人受害后果几方面进行教育。

2. 法规教育。主要是学习国家有关法律、法规、条例、文件，以及集团公司、站段已有的具体规定、制度和纪律条文。

3. 安全技术教育。包括一般安全技术的教育和专业安全技术的训练。一般安全技术教育的内容主要是通用的安全知识，比如消防、急救等；专业安全技术训练，是指针对各自专业的一些专门安全知识和技能训练。

（二）安全生产教育的主要形式和方法

1. 三级教育。在所有伤亡事故中，由于新职人员缺乏安全知识而产生的事故发生率不低，所以对新职人员，要实行站段、车间、班组三级教育。其中，班组安全教育包括：介绍本班组安全生产情况，生产工作性质和职责范围，各种防护及保险装置作用，岗位安全操作规程，容易发生事故的设备和操作注意事项，岗位应急预案等。

2. 经常性的安全宣传教育。可以结合本班组具体情况，采取各种形式，如安全活动日、班前班后会（强调昨日工作中存在的安全问题及今日工作中的注意事项）、安全交底会、事故现场会、班组园地或墙报等方式进行宣传。

第四节　安全自控型班组

安全管理的重点在生产现场，难点同样也在生产现场。生产现场的各个点基本上都是由一个班或组构成，因此大力倡导建设安全自控型班组是企业安全管理的一个重要手段。特别是铁路工作相对复杂，分散度高、点多面广，更应重视和加强安全自控型班组的建设。

一、自控型班组内涵

铁路运输企业创建自控型班组的内涵一般包括：

1. 受控。现场作业受控、安全工作受控、运输质量受控、成本费用受控。

2. 达标。设备质量达标、班组管理达标、人员素质达标。

3. 适应。班组现场控制能力适应现场作业需要、班组创新能力适应新形势的需要。

二、班组安全控制

(一)安全控制的概念

事故是指意外的变故或灾祸,即突然发生的,使系统或人的有目的行为发生阻碍,致使其暂时停止或永久性停止,违背人的意志的事件。事故的形成有一个发生、发展的过程,是各种不安全因素由量变到质变的结果。

概括地说,事故产生的原因主要有:人的不安全行为;物的不安全状态;环境的不安全因素;管理上的缺陷。可见,班组安全控制不外乎对人和物的控制。要阻断不安全因素发展成为事故,一要消灭不安全因素,即实现本质安全;二要控制不安全因素,即消除不安全因素发展的条件。因此,班组安全控制也就是指应用控制、概率、人机工程和信息反馈等原理,对事故发生的可能性进行预测,控制各子系统的安全状态,并通过自我调节和相互调节,控制人的不安全行为和物的不安全状态,使系统达到最佳安全状态。

(二)班组安全控制的作用

为保证安全运输生产,班组在运输生产活动中,决不能有半点闪失和发生失控现象。建立班组安全自我控制,有利于加强班组自身建设,提高职工队伍素质;有利于落实安全措施,做好事故防范工作,消除不安全因素;有利于班组长在安全管理中发挥作用,带领班组成员认真贯彻技术作业标准。因此,安全控制是班组实现安全生产的重要环节,也是促进班组安全管理的有效手段。

(三)班组安全控制的主要环节

班组安全控制的基本思路:通过提高班组成员素质,健全并实施班组标准(制度),强化考核与激励机制。班组安全控制的主要环节:人员素质控制、作业过程控制、设备质量控制、劳动环境控制和安全重点控制。

1. 人员素质控制

实践证明,在安全生产中,最重要、最持久的决定因素是人,是人的安全素质。因此,班组安全控制首先是人员素质的控制,它包括人的安全思想素质、技术业务素质、心理和生理素质。这几个素质都达标或处于最佳状态,人的主观能动作用才能发挥作用,安全生产才会处于有序可控状态。

(1)安全思想素质

人的安全思想素质主要包括人的安全意识、职业责任、职业纪律、职业道德四个方面。

①安全意识。安全意识是人们在生产过程中对安全的反应、感觉、思维等各种心理活动过程的总和,也可以指重视安全和尊重安全规律的自觉意识。安全意识强的人,不论在任何情况下都能把安全当作头等大事,时刻注意安全,保证安全生产;安全意识差的人,不重视安全工作,在生产中总是忽视安全的重要性,思想麻痹,这样就极易出漏洞,甚至发生事故。安全意识的增强,不是一朝一夕的事,也不是靠领导作一次报告,上一堂课就能解决的问题。安全意识必须经过长期的培养教育而逐步形成。因此,班组长要常抓不懈,在组员中深入持久地开展多种形式的安全意识教育。

②职业责任。职业责任是指人们在职业岗位上履行的对社会、对企业、对集体的道德义务。职业责任是由人的内心信念支配而自觉履行(不需要任何外来强制)的社会义务。职业责任心强的人就能遵章守纪,把安全工作看成是自己的事,认真负责,保证安全生产;责任心不强的人则对工作漫不经心,对安全工作不负责

任，有章不循，其结果往往容易发生事故。职业责任不是与生俱来的，而是后天培养、教育的产物。职业责任心的主体是责任者，对责任者的有效督促、教育，便是加强责任心的有力措施和有效途径。因此，班组长和班组成员都必须正确对待国家、企业、个人利益，有效落实安全生产责任制，自觉增强责任心。

③职业纪律。众所周知，任何一个组织，如果没有纪律的约束，人们的学习、劳动、工作和生活的良好环境就得不到保证，就会出现混乱局面。这个道理大家非常明白，但并非人人都能做到。而纪律又带有强制性，对人的行为有一定的限制，是以服从为前提的。铁路是高度集中统一指挥的企业，必须有铁的纪律并且严格执行，才能保证铁路运输安全、畅通。由此可见，纪律和安全生产是紧密相连、不可分割的。班组长要经常对组员加强纪律教育，同时还要结合班组的实际情况，制定相应的制度来保证，做到有章可循。

④职业道德。职业道德是指一定的职业活动所要求人们遵守的行为规范，它是在人们特定的职业活动中形成和发展起来的，是一般社会道德在职业活动中的具体表现。一个职工其职业道德高尚与否，主要表现在：对本职工作是热爱还是厌恶，是尽心尽责还是不负责任；劳动（工作）态度是认真，还是敷衍；对技术（业务）是精益求精，还是马虎凑合；对劳动纪律是严格遵守，还是涣散不在乎；对劳动工具是精心爱护，还是随意破坏；对原材料、燃料、动力是节约，还是浪费；对同事是尊重，还是藐视；对集体是关心，还是漠视；对同志是团结互助，还是以邻为壑。

总之，安全意识、职业责任、职业纪律、职业道德是紧密联系、相互作用的。职业责任、职业道德影响安全意识、职业纪律，安全意识和职业纪律是履行职业责任的重要保证。

(2)技术业务素质

班组技术业务培训的主要形式和任务是：

①对新职转岗人员的安全技术教育；

②师徒合同；

③岗位练兵；

④技术比武；

⑤日常技术业务学习。

培训要结合班组实际情况，注重应急处理能力，这是防止事故发生、减少事故损失的基本功。

(3)心理和生理素质

在生产过程中，职工的行为受心理活动的支配，安全更与心理状态息息相关。发生事故主要是由人和物本身的缺陷或不协调所致，有的事故虽然表现在物，但其根源在人的精神状态、责任感、技术能力，以及心理和生理因素。因此，班组长要认真学习心理学知识，了解自己及组员的心理过程、个性心理特征及形成规律，有助于搞好班组安全工作。在实际生产活动中，职工的个性心理特征对安全生产的态度可表现为认真、细心、踏实，或马虎、粗心、敷衍；在紧急情况或困难条件下表现为镇定、果断，或惊慌失措、犹豫不决。班组长和班组成员都必须清楚地认识到，不良的个性心理特征是酿成事故和伤害的直接原因之一。因此，营造一个良好的环境和氛围，有利于组员良好性格的发挥和不良性格的克服。除每名组员必须努力培养自己良好的个性心理，克服自己的不良个性心理外，班组长也要了解和掌握每个组员的个性心理特征，有目的、有重点地采取优化劳动组合、改进生产操作程序、均衡安排生产等措施，避免组员劳动强度过大或过早疲劳，预防人为失误发生，对安全生产能起到很大的保障作用。

2. 作业过程控制

作业过程控制就是要建立健全一整套岗位标准，将自控、他控、互控结合起来，将预先控制、现场控制、事后控制结合起来，实现科学有效的控制，从而实现安全的规范化管理。

(1)执行作业指导书和技术标准。企业制定的作业指导书是职工作业时应遵循的规范和准则。如贯彻技术作业标准的某一部分有困难,应详细说明理由,提出暂缓执行的期限,经审查部门同意后,方可缓执,从而保证技术作业标准的严密性,当技术标准和现实工作方法发生矛盾时,班组成员应严格按技术作业指导书工作,从而保证贯彻技术作业标准的严肃性。

班组长应根据作业指导书和手册中对质量的要求,经常检查现场安全措施,抽查组员作业情况、工作进度和质量。具体包括:

①按照作业指导书要求对作业过程实行全程控制,杜绝发生违章违纪行为。

②搞好班组内的"自检"、"互检"及"他检"工作,严格执行质量控制,达到质量标准。

③组织班组政治、业务学习,提高组员思想和技术业务素质,抓好岗位练兵活动,填写好安全信息和数据。

④开工前向组员进行安全技术交底,工作中检查作业进度和质量,完工后坚持分析制度,总结分析作业标准、制度、劳动纪律执行情况。

⑤表扬好人好事,指出存在的问题,分析责任和原因,制定防范措施。

(2)作业标准的考核与评价。班组内要经常开展学标、对标、达标活动,不断提高班组成员技术作业达标合格率。

3. 设备质量控制

分析事故发生的原因,除了人为因素外,设备质量不良是班组安全控制的一个重要环节。实践证明,对设备进行合理使用和精心保养,不仅能保证设备经常处于良好的技术状态,而且能延长设备的使用期限,保证铁路运输的安全运行。因此,班组长对班组设备质量控制必须做到:设备底数清,修、管、用标准清,对检修过程中的关键步骤进行控制,不良设备重点控制等。

4. 劳动环境控制

劳动环境是指劳动场所的作业条件。每个职工都希望自己有一个安全的劳动环境，使自己的身体不受伤害。这不仅是职工自身的需要，也是企业经营管理者的主要责任。因此，企业必须认真关注劳动环境的改善，营造一个既安全又舒适的劳动环境。

(1)环境误差对人的影响。在运输生产中，恶劣的环境会刺激人的心理，影响人的情绪，甚至打乱人的正常行为。如对照明、噪声、温度、湿度等的不适应都会影响职工的情绪及安全。好的劳动环境能使职工心情舒畅，精力易于集中，其感受能力、控制能力、处理能力能得到正常发挥；相反，差的劳动环境会使职工感到压抑、烦躁，精力容易分散，其感受能力、控制能力、处理能力就会受到限制，不能得到正常发挥。

(2)物的运行和布置对人的影响。在运输生产中，物的运行失常及布置不当，也会影响职工的识别与操作，造成混乱和差错，不安全因素也增多。因此，班组推行定置管理，即对人、物、场所按照生产工艺过程，将设备定位、人员定岗、物资定置、流通定时，就是为了提高环境质量，使环境适应人的生理和心理需要，让作业人员始终处于文明整洁的作业环境，保持饱满的情绪，集中精力做好本职工作，从而使职工的安全和健康得到保障，消除不安全因素，保证安全生产。

5. 安全重点控制

铁路运输生产任务是由车、机、工、电、辆等部门联合协作、共同完成的，但各部门都有各自的关键作业环节和危险部位。因此，必须突出重点，抓住关键，落实好标准化作业，实现安全重点控制。

(1)车务系统安全红线：①不按规定采取防溜措施造成机车车辆溜逸；②违反《铁路技术管理规程》规定进行调车作业；③分界口未经邻局同意强行组织分界站开车。

(2)客运系统安全红线：①漏传、错传调度命令或错误执行调度命令(适用管理人员);②站台作业车辆掉入股道(适用作业人员);③临时停车擅自组织乘降(适用作业人员);④看车人员在车内抽烟、使用明火(适用作业人员)。

(3)货运系统安全红线:①货物发生旋转或开放,卷钢等发生滚动;②非危险货物办理站办理危险货物承运手续。

(4)机务系统安全红线:①违背“两统一”,不执行“运输调度集中统一指挥、行车单一指挥”;②擅自关机,机车乘务员擅自关闭或切除行车安全装备;③无证驾驶,无资质人员驾驶机车、动车组,擅自交无资质人员驾驶机车、动车组;④停车不报告,非正常停车后,机车乘务员不按规定报告车站值班员或列车调度员;⑤值乘中睡觉、离岗,机车乘务员值乘运行中睡觉;机车乘务员值乘中擅自离开司机室,造成司机室无人值守;⑥盲目运行,列车运行中机车制动系统、走行部故障,未按规定处置盲目运行;⑦客运机车超公里,客运机车、代客货运机车超检修周期上线使用(适用管理人员)。

(5)车辆系统安全红线:①违背“两统一”,不执行“运输调度集中统一指挥、行车单一指挥”;②动客车超公里,动车组、客车定检过期上线使用;③动客车盲目带车,车辆乘务员、随车机械师不按规定对车辆故障进行应急处置,盲目带车;④预警信息不处置,对货车安全监测设备预报的信息,作业人员未按规定处置(适用作业人员)。

(6)工务系统安全红线:①未按规定处置伤损钢轨(道岔);②擅自关闭工务机械车运行控制设备或列车无线调度通信设备;③防护员漏报、错报本线列车。

(7)电务系统安全红线:①在施工、检修、故障处理等各项作业中,违章使用封连线;②未按照规定程序,违章拆、改、配线;③未按照集团公司信号联锁管理办法,简化联锁试验程序,联锁试验不彻底;④违反 LKJ 数据管理规定,错装、漏装 LKJ 数据。

(8)供电系统安全红线:①未确认停、送电条件,错误停、送电;

②接触网支柱、隧道吊柱侵入机车车辆限界；③接触网作业车行车安全装备不全上线运行或运行途中擅自关闭、解除监控装置功能；④接触网作业车司机未按规定确认信号、未按标准执行车机联控行车；⑤接触网作业车未按规定设置或撤除防溜装置。

(9)房建系统安全红线：①防护员漏报、错报本线列车；②未按规定检测站台等建筑限界；③有限空间、高处作业不设防护。

(10)施工安全红线：①无封锁命令违章上道作业；②上道作业未设防护；③不具备放行列车条件冒险放行列车；④上道作业登记与实际不符；⑤违反规定在天窗点外进行天窗点内的作业项目；⑥作业完毕或下道避车时，未及时清理路料机具，侵入限界；高速铁路作业后遗留工机具。

(11)通用安全红线：饮酒上岗，班前、班中饮酒。

不断补强安全管理薄弱环节，打通落实责任的“最后一公里”，建设安全稳定的自控型班组。

第四章　班组现场管理

现场是企业生产力的载体，是职工直接从事作业活动、创造价值与提供服务的场所。现场管理是用科学的管理制度、标准和方法对作业现场各生产要素进行有效的计划、组织、协调、控制和检测，使其处于良好的结合状态，达到优质、高效、低耗、均衡、安全、文明作业的目的。班组现场管理是现场管理的最重要环节，是生产系统合理布置的补充和深入。

第一节　班组生产管理

班组生产管理是企业生产经营管理的基础。搞好班组生产管理，对于完成班组的生产任务，加强企业管理，实现企业的生产经营目标具有十分重要的意义。在生产管理过程中，各个班组应根据自身实际和特点，运用科学的管理方法，合理地组织生产活动，充分发挥班组全体成员和设备的能力，用最少的人力、物力消耗创造出最佳的经济效果。

一、生产管理概述

(一)班组生产管理的概念

班组生产管理是指根据站段、车间下达的生产计划，对班组的生产活动进行计划、组织、指挥、协调和控制，合理地组织班组生产，充分发挥班组全体人员和设备的能力，保质保量、均衡安全地完成生产任务，实现最佳的经济效益。班组生产管理是对班组生产活动全过程所进行的管理，是班组最基本的日常管理活动。班组生产管理既是企业组织生产活动不可缺少的管理环节，也是企业管理工作的基础部分。搞好班组的生产管理，对保证完成班组的生产任务和实现企业的生产目标，都具有极为重要的作用。

（二）班组生产管理的任务和要求

1. 班组生产管理的任务

（1）提供优质的产品和服务。不论是生产班组还是服务班组，都必须牢固树立质量第一，为旅客和货主服务的观念，保证生产出高质量的铁路运输产品。

（2）合理组织劳动力。严格按定额定员组织生产，加强思想政治工作，充分调动和发挥班组成员的工作积极性和主动性。

（3）合理利用资源。积极开展班组经济核算，减少物资和能源消耗，降低产品的生产成本。

（4）抓好安全生产。铁路班组特别是行车主要班组，一定要贯彻“安全第一、预防为主”的方针，落实安全生产技术措施和劳动保护措施，不断改善班组生产的环境和条件，杜绝行车、人身和设备事故的发生。

（5）实现生产目标。必须保证完成车间下达的任务，实现班组的生产目标，实现运输生产过程的安全、优质、低耗、高效。

2. 班组生产管理的要求

（1）计划性。按照站段、车间下达的生产计划来制定班组的实施计划，保证按计划完成班组运输生产任务，满足企业运输生产全过程的需要。

（2）经济性。在班组组织生产时，努力降低生产消耗，尽最大努力提高班组生产的经济效益。

（3）均衡性。在生产过程中，按照生产作业计划的进度和要求，各个生产环节和工序在相等的时间内，完成相等或递增的生产任务，实现均衡生产。

(4)时效性。在运输生产过程中,对各种原材料、成员或半成品等,都应按必要的品种、规格、时间和数量来供应,以避免占用过多的物资和资金。

(5)安全性。在班组的生产过程中,必须保证每个成员的安全,防止各类事故的发生,切实做到安全促进生产、生产必须安全。

(三)班组生产管理的内容

班组生产管理一般包括组织、计划、准备、控制四个方面的内容。

1. 组织

组织是指班组生产过程组织与劳动过程组织的统一。生产过程组织就是合理地组织产品生产过程的各个阶段、各个工序在时间和空间上的衔接协调。劳动过程组织则是正确处理班组成员之间的关系,以及班组与班组之间,班组成员与劳动工具、劳动对象的关系。班组的生产组织具有相对的稳定性,但也要根据单位的要求和班组的发展需要做出相应的调整。

2. 计划

计划是指生产计划和作业计划。通过编制与执行生产计划和作业计划,充分合理地利用班组的生产能力和各种条件,实现均衡有节奏的生产。

3. 准备

准备是指工艺技术准备、人力准备、物资能源准备和机器设备准备。这些准备既是班组进行正常生产活动的基本前提,又是完成班组生产计划的必要保证。

4. 控制

控制是指对生产全过程实行全面控制。从范围上来看,控制包括班组生产组织、生产准备和生产过程的各个方面。生产控制是班组生产管理的一项重要职能,它是班组完善生产组织,实现生产计划的重要手段。

二、班组生产全过程管理

(一)生产全过程管理的内容与步骤

生产全过程管理是生产管理的一个重要组成部分，它是在执行生产作业计划过程中，按照既定的政策、目标、计划、标准以及经济原则落实任务，检查生产条件，掌握执行情况，比较发生的差异并及时采取更正措施的一种科学管理工作。

生产全过程管理的主要内容包括：对管理生产所需基准的设定，即对生产进行管理时所依据的各种管理标准要先有明确的规定；对执行情况的测定与比较评价；对偏差采取的更正措施。生产全过程管理是一项涉及各方面的反复进行的过程，根据其主要内容，大体上可以分为以下四个步骤。

1. 计划、目标、标准的拟定和检查。这项工作基本上就是班组计划与目标制订过程的主要工作。班组生产的全过程管理都要以班组的计划与目标为依据。

2. 将检查后的计划和目标明确具体地分配下达到班组的各个工作岗位和操作人员，同时提示有关的技术操作标准。

3. 对生产作业过程进行检查测定，并将检查测定结果与计划、目标等指标及要求进行比较，找出偏差及薄弱环节。

4. 对发生的偏差及时研究采取更正措施，使其恢复到正常状态，或修订计划与目标，使其更符合实际状况。

生产前的管理是生产全过程管理的首要环节。生产前的管理一方面是管理执行生产计划前，条件不具备、准备工作没有做好的生产任务，不要立即投入生产作业；另一方面是管理计划外或计划不切实际的不予生产，防止生产的盲目性。

班组长对生产过程中的管理负有重要责任，要注意抓好以下工作：

1. 开好交接班会。利用交接班会，布置工作，安排计划，检查和掌握生产准备、计划执行情况。

2. 检查生产进度。检查了解生产进度，掌握计划完成情况，及时协调处理问题，保证生产的连续性和均衡性。

3. 分析生产质量。按要求召开班组生产分析会，对本班组生产质量状况进行分析，及时发现和解决问题。

4. 做好信息工作。准确、及时、清晰地填写各种原始记录和报表，按程序要求进行信息传递，保证原始记录有可追溯性。

(二)生产前的准备

生产前的准备工作，是班组合理组织生产作业过程，保证作业计划完成的重要环节，通常包括以下工作。

1. 合理筹划任务

对班组里的每位组员拥有的职业技能和工作能力列一份清单，根据不同组员的技能和专长，在其力所能及的范围内安排适合的岗位和适合当日的工作任务。另外，还要将当日工作量进行细化，安排好完成每部分工作量的时间，将各部分工作量合理分配到各个时间内，做到总时间符合进度要求，确保当日工作安全可控。

2. 召开班前会

班前会，是企业基层管理的重要组成部分，是班组长向组员传达上层指示、布置工作任务、做好作业准备的主要途径，也是班组长向组员进行工作教导、激励工作热情的手段。班组长可以通过主持班前会来锻炼自己的组织和领导能力，还可以借此向班组成员宣传企业的规章制度和管理思想，带动班组气氛并提供良好的沟通环境。

(1)提前与车间沟通

班组长应提前与车间沟通，掌握第一手材料，了解是否有生产任务变化、车间人员是否需要参会、车间是否有临时安排等。

(2)了解组员的精神状态

班组长必须充分了解当日组员的精神状态，对于因个别临时因素造成思想情绪不稳定、精神不饱满及班前饮酒的组员，不准其上岗，避免在作业中发生意外情况。

(3)明确班前会内容

班前会一般包括以下内容：

①检查组员着装、备品及料具情况。组员的着装、备品必须按规定执行和携带，并充分准备好当日作业所需的材料、工具。

②布置作业任务。班组长在布置作业任务时，要向组员传达当日生产作业的情况，使每名组员做到四个明确：明确当日作业的工作量，明确作业中的重点和难点，明确安全生产和劳动保护方面的注意事项，明确上级的临时性规定和要求。

③进行安全预想。班前会必须认真进行安全预想。要结合天气情况、作业环境变化情况、人员情况、设备情况等，有针对性地开展安全预想，切实提高人身安全的自我保护意识。班前预想做到"四必须"：班前会必须进行人身安全预想，作业前必须布置人身安全注意事项，室外作业必须指定安全防护员，两人及以上作业人员必须做到同去同归。

(4)班前会的要求

①班前会每天应在作业前召开。

②当日当班人员必须全体参加班前会。

③班组长组织召开班前会，并指定专人进行班前会的会议记录，以备随时检查。

④班组内作业人员反映的问题应是自己在工作时无法解决的或客观存在的问题。

⑤班组长在讲话时应态度诚恳、吐字清晰，不可对班组人员语言攻击，不可胡言乱语、无故离席，班前会应保持轻松和谐的氛围。

(三)生产中的控制

生产中的控制关系着作业计划的落实和生产任务目标的实现，以及质量的保证等重大问题，所以生产中的控制至关重要，也是班组长日常工作中的主要方面,应包含以下工作。

1. 执行标准化作业

在生产作业现场,班组长最重要的任务就是执行标准化作业。执行标准化作业应做到以下三点:

(1)执行技术标准。技术标准是检验和衡量作业水平、工作质量的尺度,同时也是班组开展生产管理、技术管理、质量管理的依据。因此,严格遵守和认真执行技术标准,是加强技术管理、推进标准化作业的首要任务。

(2)遵循工作流程。严格遵循工作流程是执行标准化作业、推广运用先进生产方式的主要途径,它不仅可以保证作业质量,而且可以确保作业安全和提高设备利用率等。

(3)进行跟踪确认。班组长指导组员执行标准化作业后,还要跟进确认一段时间,看其是否领会,结果是否稳定。对不遵守标准作业要求的组员,班组长一旦发现,就要立即纠正其行为。

2. 落实班中安全控制

班组成员作业中要严格执行各项规章制度,落实自控、互控标准,不仅要熟练掌握本岗位的作业流程和作业标准,而且要熟知参与互控的工序和控制标准,在作业中认真落实。

(1)岗位自控,指职工具备自我管理、自我约束、自我控制能力,能胜任岗位工作,在岗位工作中,充分发挥主观能动作用,自觉遵守作业纪律,严格按照岗位标准作业。根据岗位作业指导书,明确每个岗位的作业内容和标准,促使每名组员严格履行岗位指导书的要求。只有班组中的每名组员都严格落实自控标准,才能达到确保行车和人身安全、落实岗位职责的效果。

(2)作业互控,指班组内组员与组员之间、班组长与组员之间在作业中的相互控制。要求一个班组内互相协调的工种之间、上道工序与下道工序之间,在一个作业过程中需要互相监督、互相提醒、互相制约。对照作业标准和作业程序,明确每道作业工序和每个作业点的控制人、控制内容和控制标准，形成班组内人员互控的内容。班组成员之间每项作业都应纳入可控范围的闭环控制，并对照班组互控标准，建立互控联控的制度，做到失控问题及时发现解决，失控责任及时分析处理，问题整改专人追踪。

(3)人机联控，是在原来的管理方式基础之上，运用先进的仪器、设备来加强对安全管理控制的一种管理方式。它有别于传统人控单纯靠人检查、人盯人，在明确每道作业工序和每个作业点的控制标准和控制程序的基础上，操作人员充分利用先进的机械电子设备对安全生产过程进行跟控，以达到设备保安全、科技保安全的目的。

3. 做好班中检查

班中应进行严格的检查，防止作业不规范、作业质量不合格的现象产生。检查重点是关键的岗位和事故的高发环节，新增、调整的岗位以及新职人员工作的岗位，对以上岗位除了在规定的时间检查外，还要注意不定期抽查。班中检查主要有以下四个方面：

(1)组员的工作状态，遵守劳动纪律和作业纪律情况，有无离岗串岗、偷懒和简化程序、未按标准化作业等问题，组员有无中途发病或精神状态不佳、精力不集中等现象。

(2)机械设备运转情况和正确使用情况。

(3)材料、机具的完好性以及使用和供应情况。

(4)安全规章制度执行情况。

以上方面如发生问题，应及时做出决策，采取有效措施，该调整的应及时调整，该制止的应及时制止，问题严重的应及时向上级部门汇报反映，保证生产作业的正常进行和计划的顺利完成。

4. 控制生产进度

控制生产进度是指对班组从开始作业到作业完成为止的全过程进行控制，是生产过程控制的关键，也是解决作业中的问题、保证作业按计划完成的有效方法。生产进度控制贯穿着整个作业过程，无论哪一种类型的作业，都要严格控制进度。生产进度控制的内容，一般包括开始时间控制、完成时间控制和工序进度控制。

(1)开始时间控制

开始时间控制是指对班组全体职工正式开始作业时间的控制。这是进度控制的第一个环节，目的是确保在班组开工前，所有人员、料具都准备妥当，并能够按照规定时间开始作业。

(2)完成时间控制

完成时间控制是指对班组完成当日工作量结束作业时间的控制。每项作业都有规定的时间，尤其是现场作业的工种，对时间的要求更为严格。所以，现场工作量必须严格在给定时间内完成，这是进度控制的基本要求。班组长要加强对每日作业完成时间的控制。

(3)工序进度控制

工序进度控制是指对作业过程中经过的每道工序的进度进行控制。作业进度控制根据各项原始记录及作业统计报表进行作业分析，确定每道工序的作业进度。如果进度滞后，班组长应在现场作业过程中查明实际进度比计划进度滞后的原因，并进行纠正，确保每一道工序进度符合总进度要求。

5. 控制生产质量

班组长必须牢固树立质量意识，并要求组员加强学习质量标准，促使组员遵守质量保障的作业制度和相关规范。在保证班组生产质量方面，除执行相关质量标准外，班组长还应使用确保生产质量的一些技巧和方法，以提高作业质量的保证系数。可采取以下实用的方法：

(1)不轻易使用不够熟练或尚未掌握的作业方法，应采用能够确保作业质量的成熟方法以降低风险。

(2)能用机器设备和小型机械作业的，不采用人工作业，以确保作业质量和作业效率。

(3)对复杂的作业,不能为了图省事而简化作业程序,必须按照规定程序作业。

(4)在每项工序完成后,班组长还要进行现场复核,对不符合作业质量标准的要及时纠正。

(四)生产后的评价总结

1. 开好班后总结会

班后总结会一般由车间组织各班组长,或班组长组织班组内部成员,就生产工作中遇到的情况和问题、巡检中发现的问题、工作中的难点及下一步的工作进展、需要上级协调的有关工作等相关事项进行集中研究与讨论。其主要目的是解决工作中的问题,以及总结工作中的经验与教训。

班后总结会一般包含以下内容:

(1)针对当日重点、难点问题进行研究,总结出经验教训以及下一步打算,对发现的问题及事故隐患及时制定切实可行的整改措施。

(2)收集记录现场设备、机具等存在的问题和异常情况,为下次作业做好准备、提供依据,以便于及时进行检修。

(3)整理会议记录,及时得出有指导意义的结论,形成书面文字,以便归档、保留或形成可行性措施向上级呈报,对今后的工作起到指导作用。

2. 管理好交接班

铁路工作性质往往要求连续作业,所以相应的岗位就需要进行交接班。每天工作完成后,便会进行班组与班组之间的工作交接,管理好交接班是班组长的重要工作。

(1)明确目的

交接班目的在于保证工作的顺畅进行,使作业得以顺利交接,避免因信息缺乏或者不正确而导致工作阻碍。另外,对于班组长而言,只有完成当天的交接工作之后,才能算是当日工作的完结。

(2)明确任务

交接班的主要任务是各岗位之间的衔接,并确保安全、文明、均衡的生产,关系各班组作业任务的完成质量,班组长应在每次交接工作时做好自己的工作。

(3)明确内容

交接班的内容包括上一班组的生产进度、完成状况、物料状况、设备情况以及注意事项,需下一班组协助处理的事项,其他必要交流的信息等。

(4)明确原则

交接班应遵循“三不交班”与“三不接班”原则。“三不交班”:接班者不到不交班,接班者没有签字不交班,事故处理不完不交班。“三不接班”:岗位检查不合格不接班,事故没有处理完不接班,交班者不在不接班。

3. 做好班组绩效考评

建立班组日常绩效考评制度是现场管理体系中的重要工作。通过日常绩效考评制度将现场工作中所有规章制度的执行、日常工作表现与薪资挂钩,保证制度的行之有效,保证现场管理的秩序和效率。而日常绩效考评制度也是班组长工作开展的有力法宝,通过对组员每日工作表现进行评分,达到激励先进、提示不足,有效落实班组工作的作用。班组的日常绩效考评制度提高了班组长的管理效率,同时也能调动组员的积极性,使班组成为能吃苦、敢争先攻坚克难的先进集体。

三、岗位作业指导书

岗位作业指导书是用以指导某个具体过程、事物形成的描述技术性细节的可操作性文件。岗位作业指导书基于上级文件及规章制度而编制,是针对某个部门内部或某个岗位作业活动的文件,侧重描述如何进行操作,是对程序文件的补充或具体化。岗位作业指导书能确保每一项作业都有标可依、有章可循，增强作业标准的针对性和有效性。职工应严格按照岗位作业指导书进行作业，自觉落实作业标准。

(一)岗位作业指导书的内容

岗位作业指导书包括了职工在自身岗位上应当掌握的知识与技能，是职工操作的标准文本和工作准则，也是企业和班组管理的基础。岗位作业指导书作业标准通过对班组作业人员进行技术性指导和控制，切实保证班组成员的作业安全和质量，全面提高班组的工作效率与品质，对于完成生产任务、加强企业管理、确保安全生产有序可控、实现企业的生产经营目标具有十分重要的意义，是搞好各项工作的前提。

针对不同岗位编制的岗位作业指导书，内容也会有所不同。因为有的岗位要巡回检查，有的重复性较强，有的随机、临时性工作较多，所以，有的岗位作业指导书内容较多，有的则比较简单。

一般来说，岗位作业指导书应包括以下十项内容：

1. 岗位描述。岗位描述是对某具体岗位的基本情况进行全面描述，使在该岗位工作的职工对本岗位有比较全面的了解和认识。这一项具体包括岗位名称、工作概述、岗位关系、特殊要求、工作权限、职业资格和工作考核七项内容。

2. 岗位工作目标和要求。这一部分讲解某具体岗位各方面的工作目标是什么，有什么要求和标准。这是一个总体的概述，使岗位职工对这个岗位的工作要达到什么要求有清楚的认识。

3. 安全职责。安全职责使职工清楚该岗位在作业过程中安全生产的具体职责范围，要做好哪些安全工作，落实怎样的安全措施，接受上级和专业人员的指导和安全检查等。

4. 岗位职责。岗位职责是职务与责任的统一，由授权范围和相应的责任两部分组成。此部分根据岗位性质确定岗位职务范围，明确实现岗位目标的责任和岗位任职条件。

5. 工作规范。工作规范部分要告诉职工对本岗位的具体作业应遵守什么规范，执行什么程序和流程。按照工种规定岗位使用的设备、工具，工作质量和效率，此项内容必须细致，方便职工在工作中明确和执行。工作规范可以量化的内容应尽量进行量化，具备可操作性和实效性，并对其内容不断修订和改进。

6. 隐患分析及削减措施。在危害（隐患）辨识分析的基础上，将该岗位职工参与的工作列出，按照标准危害（隐患）辨识分析卡的模式逐一编制，使岗位职工在工作实施前清楚这项工作的危害和预防措施、所需的准备工作和应达到的具体标准等。

7. 设备操作规程和参数。有的岗位在日常工作中需管理各种设备，要将该岗位所有设备的操作规程和基本参数一一列出。职工掌握了这些设备的操作规程和基本参数，才能做到正确操作和作业。

8. 工艺流程图。职工要对本岗位的工艺流程一清二楚，否则，出现异常情况就会不知所措，不会处理。因此，把该岗位的工艺流程图附上，流程的操作标准、操作步骤和方法也应当一并列出。

9. 应急预案。作为一名职工，在出现突发情况时，能够及时正确处理是至关重要的。针对岗位的实际情况，把可能遇到的情况从企业应急预案中摘录出来编入岗位作业指导书，使岗位职工清楚遇到意外或紧急情况如何处理。

10. 常用规章制度、法律法规、标准目录及附录。此部分应列出该岗位职工应当遵守的规章制度、法律法规和标准，供查阅的地点或来源；附录指根据岗位实际需要列出的内容，比如岗位常用的安全知识和有关文件。

（二）岗位标准化作业指导书的应用

岗位作业指导书是班组实施作业标准化的依据。因此，班组成员是否自觉执行岗位作业指导书是作业能否标准化的关键。班组长必须抓好岗位作业指导书的贯彻应用，严格对本班组成员标准化作业的培训考核，坚持进行现场指导和跟踪卡控，对岗位作业指导书使用过程中出现的问题进行分析、总结和上报，提出整改措施和建议。

1. 班组长必须在充分了解和深入掌握岗位作业标准和作业指导书要领的基础上，对本班组成员进行严格的教育指导和培训。作业指导书是指导职工作业的工具，必须让职工对其深刻理解和把握，在班中一切都要按照标准的要求去做，才能达到作业标准的要求。班组要按照岗位作业指导书的作业标准经常开展学标、对标、争标、达标活动，不断提高班组的岗位自控能力，落实作业互控机制。岗位作业指导书编制完成后，打印成册，班组长组织岗位人员学习培训，掌握其中的内容，为今后工作的顺利执行打下基础。新上岗的职工培训完成后要经过考核，考核合格后，才可上岗。学习培训完成后，岗位作业指导书发到职工手中，并放置在现场或班组统一放置的地点。岗位工作人员对岗位作业指导书内容都应了解，并在工作中切实贯彻落实，才能减少作业事故的发生和对自己的伤害。

2. 班组长要注意对班组成员的作业情况进行跟踪检查和监督，认真做好岗位作业指导书应用情况的现场把控。岗位作业指导书把整个作业过程分解为既互相联系又互相制约的操作标准，班组长要督导组员使其作业行为限制在标准之中，从根本上控制违章作业，特别是习惯性违章作业，以保证班组作业成员“上标准岗、干标准活、说标准话、交标准班”，进而制约组员的侥幸心理、冒险蛮干等不良现象。特别是在关键岗位、关键地点和关键时间要密切巡视检查，确认岗位作业指导书标准化作业的执行情况和实施效果。对不遵守岗位作业标准的行为，必须毫不留情予以制止，纠正其错误行为。

3. 班组长要对组员作业过程中出现的问题进行分析和分类，对照岗位作业指导书进行考核和处理。岗位作业指导书代表的是目前应用的标准作业方法，班组成员必须按照岗位作业指导书的要求进行作业。如果组员没有按照现行岗位作业指导书的作业标准进行作业，一定要查明具体原因，对作业过程中出现的问题进行分析总结，并提出具体的考核措施和处理意见。岗位作业指导书的应用、作业标准的落实是一项复杂的系统工程，需要各级各部门间密切配合、分工协作。岗位作业指导书的应用要同日常开展的各项工作有机结合起来，强化激励考核，实现有责必有标、有标必考核、考核必联挂、联挂必兑现的良性循环，使标准化工作真正落到实处，切实提高班组科学管理水平。

四、现场应急处置

铁路运输需要各专业、各部门之间的协调，列车在运行过程中可能会遇到各种各样的突发伤亡事故。现场作业也可能发生各种各样难以预料的故障，如果处置不当，极易发生铁路交通运输伤亡事故。掌握应急处置措施和应急处置方法，采取有效措施控制险情，可以有效规避风险，最大限度地减少事故损失，保障行车、设备和人员安全。

1. 现场应急处置的原则

(1)坚持统一领导，分级负责。在本单位领导统一组织下，发挥各职能部门及各班组作用，逐级落实安全生产责任，建立完善的突发事件应急管理机制。

(2)成立班组内部应急组织。应急小组组长由班组长担任，成员为当班上岗人员。班组长职责为全面负责本班组现场应急工作、应急措施落实和培训。

(3)及时汇报。要在第一时间汇报，汇报时要沉着冷静，内容要准确完整、详细客观。汇报内容主要包括时间、地点、类型、影响区域、破坏程度、影响行车情况、作业人员数目、伤亡人员情况等。

(4)立即检查相关设备。有问题或异常的状况时，如出现故障、事故等，作为班组的管理人员应该立即到现场检查设备，查找原因并将之排除。

(5)当场采取暂行处置措施。问题发生时往往是紧急的，所以首先要采取应急措施，将故障现象排除，以应对当前的局面，使运输继续进行。若有人员伤亡，现场班组长、重要岗位人要承担本班组人员自救互救和避灾的现场组织指挥责任。

(6)对于现场处置得当、使单位避免了损失的职工，要进行奖励。职工取得了成绩一定要及时鼓励，这样能激发士气，调动职工的积极性和创造性。

2. 现场应急处置的报告程序

现场作业人员要认真确认设备故障，实事求是按照应急处置的报告程序进行报告。

(1)向车间报告。发现故障后班组长应及时通知车间干部上岗，上岗后立即参加设备的检查工作。如果是室外的设备故障必须指派胜任人员或亲自到达设备故障区段进行故障的确认，重点看外观，是否由人为原因造成，是否能够保证行车安全。

(2)向站段报告。班组长应立即向站段报告，报告的信息要准确，以便于领导及时决策。领导可根据报告问题的严重程度决定是否派人前往现场，现场班组长应在故障处理的过程中加强与站段的信息沟通等。

3. 现场应急处置的注意事项

(1)佩带个人防护用品的注意事项。班组长要确认各班组成员佩带合格的防护用品，并保证佩带的正确性，防护用品不可轻易摘取。

(2)使用抢险救援器材的注意事项。班组长根据施工现场的实际情况配备相应的抢险救援器材，器材必须是合格物品，使用人员必须对器材有相应的了解。

(3)采取救援对策或措施的注意事项。事故现场及受到威胁地区的班组成员，在发生事故、故障后应根据情况和现场局势，在确保自身安全的前提下，采取积极、正确、有效的方法进行救援。事故、故障现场不具备救援条件的应尽快组织撤离。

(4)现场自救和互救的注意事项。班组成员在自救和互救时，必须保持统一由班组长指挥和严密的组织，严禁冒险蛮干和惊慌失措，严禁擅自行动。事故现场处置工作人员抢修时，严格执行各项规定，以防事故扩大。

(5)现场应急处置能力确认和人员安全防护的注意事项。应急小组领导、应急抢险人员到位并配备抢险器材，确认有能力进行救援，个人安全防护应做到位。

(6)应急处置结束后的注意事项。应急处置结束后切勿放松警惕，班组长必须立即带领全部班组成员撤离现场并远离事发地点，做好人员机具清点。事后要认真分析事故原因，制定防范措施，落实安全责任制，防止类似事故发生。

(7)其他需要特别警示的事项。班组长应根据现场情况提出其他需要特别警示的事项。

第二节　班组质量管理

一、班组质量管理的含义与任务

(一)班组质量管理

班组质量管理是指产品加工和服务提供过程的质量管理，通常又称产品生产和服务第一线的质量管理。其范围是从原材料投产到产品完成的所有制造加工过程，或者从服务开始到服务交付的所有服务提供过程。

(二)班组质量管理的重要性

1. 提高质量的符合性，减少废品次品损失

通过控制产品制造或加工过程确保产品符合标准，或者通过

控制服务提供过程确保服务符合规范,可以稳定地提供符合要求的产品和服务。通过控制手段,能够减少质量波动,降低因废次品和不良服务造成的损失。

2. 实现零缺陷(零不合格)的基本手段

产品缺陷除设计原因外,基本上是在产品加工和服务提供过程产生的,通过在生产和服务的现场开展各项质量管理活动,能有效地防止和减少缺陷或不良的产生。

3. 促进全员参与,改善工作环境和提高职工素质

班组是职工最集中的工作场所,通过开展扎实的班组质量管理活动,可以为职工创造一个安全、整洁的工作环境,也有利于提高职工技能。

(三)班组质量管理的任务

班组质量管理的基本任务在于防止不合格的产生和对不合格的控制,并改进产品加工和服务提供的质量。

1. 过程或工序质量控制

服务业较多采用过程确认的方法,如对于参与过程的人员资格和设施予以鉴定,规定过程的程序和方法等。

2. 质量改进

在班组质量管理中的质量改进,既可包括日常的渐进改进,也可以包括突破性改进。渐进性改进是指对现有过程进行变化步幅较小的改进活动,它是生产和服务现场质量改进的主要形式。突破性改进也称质量突破,它是通过对现有过程进行调整,或是实施新的过程,对长期存在于技术方面或管理方面的问题进行突破性改进。

在班组中开展质量改进活动的一种有效组织形式是质量管理小组,一般称为现场型 QC 小组。

3. 过程或工序检验

过程或工序检验就是按照过程检验规程或质量计划的规定,

对加工的产品进行检验或试验。班组现场的质量检验方式，可以是检验人员“专检”，班组内人员“互检”和操作人员“自检”，通常称为“三检”。

（四）班组长在班组质量管理中的作用和任务

班组长是班组实施质量控制和质量改进的领导者和组织者，其基本任务是：

（1）带领组员理解并实现班组的质量目标；

（2）熟悉本班组各岗位的操作规程，组织开展互帮互学活动；

（3）组织自检、互检和巡检，做好过程检验工作；

（4）落实质量控制点活动，实施或配合控制点管理；

（5）组织开展相关活动；

（6）坚持开展质量改进活动。

通过不断增强职工质量意识和服务意识，搞好质量检测，严格质量检查验收制度，积极开展质量攻关活动，实现质量达标，从而不断提高运输、服务和产品质量。

二、班组质量管理的程序

在全面质量管理中解决问题、改进工作最为重要和行之有效的方法之一是PDCA循环。PDCA循环又叫戴明环，它是全面质量管理所应遵循的科学程序。全面质量管理活动的全部过程，就是质量计划的制定和组织实现的过程，这个过程按照PDCA循环，周而复始地进行运转。PDCA是英语单词Plan（计划）、Do（执行）、Check（检查）和Action（行动或处理）的第一个字母，PDCA循环就是按照这样的顺序进行质量管理，并且循环不止地进行下去的科学程序。

（一）PDCA循环的步骤

PDCA循环作为全面质量管理体系运转的基本方法，其实施需要搜集大量数据资料，并综合运用各种管理技术和方法，一般

PDCA 循环要经历以下 4 个阶段。

1. 第一阶段:计划。该阶段就是方针和目标的确定以及活动计划的制定。包括:

(1)分析现状。找出存在的主要质量问题,尽可能以数字说明。

(2)寻找原因。在所搜集到的资料的基础上,分析产生质量问题的各种原因或影响因素。

(3)提炼主因。从各种原因中找出影响质量的主要原因,可以采用帕雷托分析法,该方法强调 80%的问题背后只有几个关键原因(通常为 20%)。

(4)制定计划。针对影响质量的主要原因,制定技术组织方案,并具体落实到执行者。所制定的方案具体包括:为什么要制定这个措施?达到什么目标?在何处执行?由谁负责完成?什么时间完成?怎样执行?

2. 第二阶段:执行。在执行阶段,就是将制定的计划和措施,具体组织实施。需要注意的是,不能将初步的解决方案全面展开,先要在局部进行试验。这样,即使设计方案存在较大的问题,损失也可以降低到最低限度。

3. 第三阶段:检查。将执行结果与预定目标进行对比,检查计划执行情况,看是否达到了预期的效果,并对所得到的检查结果进行分析。检查阶段可以使用的工具主要有排列图、直方图和控制图等。

4. 第四阶段:行动(或处理)。对总结检查的结果进行处理,对于成功的经验加以肯定,并予以标准化,或制定作业指导书,便于以后工作时遵循;对于失败的教训也要总结,以免问题重现。对于没有解决的问题,应到下一个 PDCA 循环中去解决,包括两个步骤:

(1)总结经验,进行标准化。总结经验教训,处理差错。把成功的经验肯定下来,制定成标准;把差错记录在案,引以为戒。

(2)问题转入下一个循环。将遗留问题转入下一个管理循环,作为下一阶段的计划目标。

(二)PDCA 循环的特点

1. 周而复始的闭环。PDCA 循环的四个过程不是运行一次就完结,而是周而复始地进行。一个循环结束了,解决了一部分问题,可能还有问题没有解决,或者又出现了新的问题,再进行下一个 PDCA 循环,依此类推。PDCA 循环一定要按顺序进行,它靠组织的力量来推动,像车轮一样向前滚进,周而复始。

2. 大环带小环。一个公司或组织整体运行的体系与其内部各子体系的关系,是大环带小环的有机逻辑组合体。企业每个科室、车间、工段、班组,直至个人的工作,均有一个 PDCA 循环,这样一层一层地解决问题,而且大环套小环,一环扣一环,小环保大环,推动大循环。

大环与小环的关系主要是通过质量计划指标连接起来,上一级的管理循环是下一级管理循环的依据,下一级的管理循环又是上一级管理循环的组成部分和具体保证。通过各个小循环的不断转动,推动上一级循环,保证整个企业循环不停转动。通过各方面的循环,把企业各项工作有机地组织起来,纳入企业质量保证体系,实现总的预定质量目标。因此,PDCA 循环的转动,不是一个人的力量,而是组织的力量、集体的力量,是整个企业全体职工推动的结果。

3. 阶梯式上升。PDCA 循环不是停留在一个水平上的循环,不断解决问题的过程就是水平逐步上升的过程。每通过一次 PDCA 循环,都要进行总结,提出新目标,再进行第二次 PDCA 循环,使质量管理的车轮滚滚向前,PDCA 每循环一次,质量水平和管理水平均提高一步。

PDCA 循环不仅是质量管理活动规律的科学总结,是开展质量管理活动的科学程序，也是一种科学管理的工作方法，它同样可以在质量管理活动以外发挥重要效用。

4. PDCA 循环的关键在于处理，用标准化、制度化的方法来巩固成果，所以能避免犯重复性错误。

三、质量管理小组活动

1. QC 小组概念与性质

质量管理小组（又称 QC 小组）是在生产和工作岗位上从事各种劳动的职工，围绕企业的经营战略方针目标和现场存在的问题，以改进质量、降低消耗、提高人的素质和经济效益为目的，运用质量管理的理论和方法开展活动的小组。

QC 小组是企业中群众性质量管理活动的一种有效的组织形式，是职工参加企业民主管理的经验同现代科学管理方法相结合的产物，具备明显的自主性、广泛的群众性、高度的民主性和严密的科学性。

2. QC 小组的成员与组建

QC 小组的成员不受职务的限制，愿意参加活动的人员，只要小组接受均可参加。小组成员应做到：

（1）积极参加活动，充分发挥自己的聪明、才智。

（2）按时完成小组分配的工作。

（3）有较强的改进意识，对新生事物感兴趣，提出合理化建议。

QC 小组的组建程序：

（1）自下而上地组建，小组选择活动题目，登记小组，申请注册。

（2）自上而下地组建，主管部门规划方案，要求下面建立小组，各部门建立后登记注册。

（3）上下结合地组建，上级推荐课题，上下协商组建，两者互相结合。

3. QC 小组课题类型

生产或工作活动中有很多的问题都需要解决，但只有难度较大的、通过 QC 小组活动能够解决的问题才会被选为小组活动的课题。

按活动程序的不同划分，QC 小组活动有两种类型，即问题解决型和创新型。按活动内容的不同划分，QC 小组活动的类型可以分为现场型、服务型、攻关型、管理型和创新型五类。其中：

现场型通常是以改进生产质量、降低消耗、改善生产环境为选题范围，课题较小，难度不大，活动周期较短，比较容易出成果，但经济效益不一定大。

服务型通常是以推动服务工作标准化、程序化、科学化、提高服务质量和效益为选题范围，课题较小，活动时间不长，见效较快。

攻关型通常是以解决技术关键问题为选题范围，课题难度较大，活动周期较长，需投入较多资源，通常经济效益显著。

管理型通常是以提高业务工作质量、解决管理中存在的问题、提高管理水平为选题范围，课题有大有小，课题难度也不相同，效果也差别较大。

创新型是 QC 小组成员运用新的思维方式、创新的方法，开发新产品、新方法，实现预期目标。

4. QC 小组的活动程序

QC 小组的活动程序如图 4-1 所示。

5. 班组开展 QC 小组活动的作用

(1)提高人的素质，发掘人的潜能；

(2)预防质量问题和改进质量；

(3)有利于实现全员参加管理；

(4)增强人与人的团结和协作精神；

(5)加强管理工作，提高水平；

(6)提高小组的科学思维、组织协调、分析和解决问题的能力。

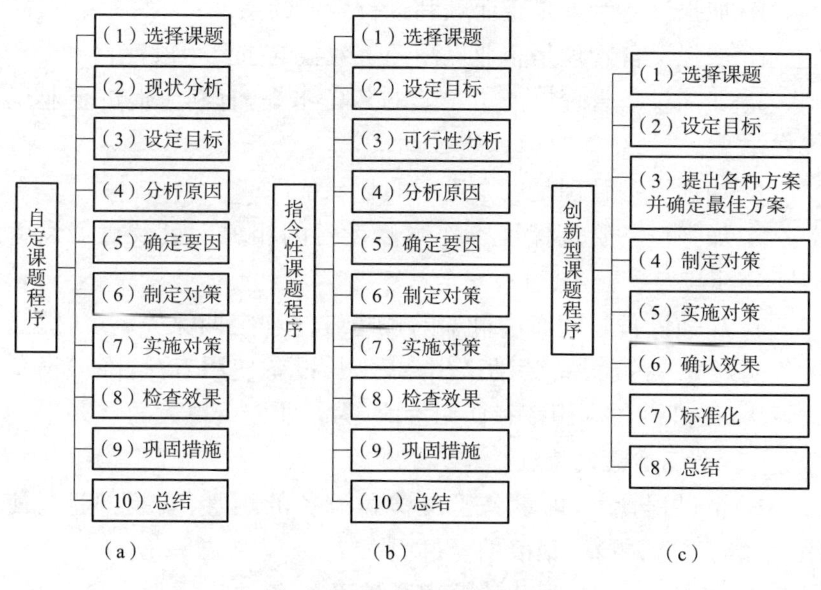

图 4-1　QC 小组的活动程序

第三节　班组设备管理

铁路设备管理的任务就是采取一系列措施对设备进行综合管理，保持设备的完好，利用修理、改造和更新等手段，恢复设备的精度性能，提高设备的素质，改善原有的设备构成，充分发挥设备效能，保证产品产量、质量和设备的安全运用，降低消耗和成本，促进企业生产持续发展，提高企业经济效益。

一、设备管理概述

（一）设备管理的目的和意义

设备管理对于企业顺利生产，提高装备水平，提高企业经济效益有着重要意义：

1. 加强设备管理是企业顺利进行生产的条件；

2. 加强设备管理是企业提高经济效益的重要手段；

3. 加强设备管理提高了企业的装备水平，有利于促进企业现代化；

4. 加强设备管理是安全生产的必要条件；

5. 加强设备管理保证操作维修设备的相关人员及机械设备的安全，即“人身安全、设备安全”；

6. 加强设备管理通过科学的预防维修和定期保养制度，提高设备完好率，提高设备劳动产出率，延长设备使用寿命，降低设备故障率，提高设备利用率和使用价值，为企业创造更大的财富。

（二）设备管理的特点

1. 全过程管理，即设备管理覆盖设备的购置、安装、调试、使用、维修、改造、更新、报废的全过程。

2. 全方位管理，即设备管理既涉及设备的物质形态的运动，又涉及设备的价值形态的运动，既要确立设备管理的物质形态目标，又要确立设备管理的价值形态目标。

3. 全员管理，即企业各个部门、车间、班组、岗位的人员均要参与。

班组是进行生产作业的基层组织，是企业的细胞，是组织实施设备使用维护的基层组织，因此各个班组都需要进行设备管理。班组设备管理是企业设备管理任务在班组层次的具体化，是企业设备管理在班组层次的落实。

（三）设备管理的主要任务

班组是直接使用和操作设备的单位。设备管理的主要任务就是管好、用好、养修好自己所保管的设备，使之在生产中充分发挥效能。

1. 管好设备。班组应认真贯彻执行上级有关设备管理的方针、政策、条例和规则，负责管理好本班组设备。掌握设备的数量、种类、型号规格、技术状态、使用情况和安全等，做到账、卡、物三相符，特别是对大、精、稀设备及影响生产的重点设备，锅炉压力容器，起重吊运机等应加强管理、定期检查。在管好设备的同时，班组还应对附属设备、设备的附件、仪器、仪表及防护设施，保管好，建好台账，做到心中有数。

2. 用好设备。正确使用设备，是班组管理的重要内容之一，它对保持少修理、降低成本有着重要的作用。

(1)合理安排生产任务。班组应根据设备特性、结构特点、工作范围和工艺要求来合理安排生产任务。各种生产设备的特性、结构、精度、工艺技术要求及适用范围各不相同，因此，在安排生产任务时要求与设备的使用范围相适应，切勿大机小用、精机粗用，造成浪费，同时又要防止超负荷、破坏性使用。

(2)严格岗位责任制。使用设备应严格岗位责任制，实行定人、定机、凭证操作，切忌无证上机，影响人身和设备安全。要经常对操作者进行技术、安全教育，严格执行操作规程，做到“三好”“四会”，禁止不文明操作。

(3)交接班制。主要生产设备为多班制时，必须执行设备交接班制度。交班人在下班前除完成日常维护保养外，必须将本班设备运转情况，运转中发现的问题，故障维修等情况详细记录在“交接班记录簿”上，并应主动向接班人介绍设备运行情况，双方当面检查，交接完毕后在记录上签字确认。接班人如发现设备有异常现象，记录不清，情况不明和设备未清扫时，可以拒绝交接班。如因交接不清，设备在接班后发生问题，由接班人负责。

(4)班组内要经常进行安全教育，开展安全预想活动，消灭一切不安全因素。一旦发生设备事故，应立即停止使用，切断电源，向上级主管部门汇报，并组织力量积极抢救和抢修，防止事故的扩大，尽快恢复生产，把损失降低到最低限度。同时，尽快查明事故原因，做到“三不放过”。

3. 养修好设备。设备的维修、保养是保持设备正常运转和延长使用寿命的重要保证。班组应重点抓好设备及工作场地的清洁卫生工作，保持设备整齐、清洁。设备操作者要按照标准对设备进行日常保养和定期保养。工具、工件、附件要放置整齐，设备内外清洁，无黄锈，各滑动面要润滑好，油标清晰，油路畅通，安全装置良好，安全道路清楚，讲究文明生产。

4. 教育与培训。班组应重视设备管理人员的教育培训工作，提高设备管理、操作、维修人员的素质。要经常组织设备管理人员继续再教育和进行基本技术知识教育、操作技能的训练，不断进行知识更新，并开展岗位练兵活动，提高操作设备的能力。

5. 经济分析与评比。班组在进行设备维修活动时，要做好经济分析，对所消耗的时间、劳动定额、材料、费用及取得的成果分析评价其经济效益。班组还要积极开展设备保养红旗评比活动，积极参加先进班组、先进个人的评优活动，交流经验，改进工作，促进班组设备管理水平的提高。

二、设备检查

设备检查是设备维护工作中的一项重要内容，包括检查设备技术状况的变化以及设备部件的磨损情况等。通过设备检查，可以为维护工作做好准备，提高维护质量和缩短维护时间，设备使用及维护人员也可根据设备检查发现的问题，提出设备维修养护工作的方法措施。

1. 设备的关键部位检查

关键部位检查是为了维护设备所规定的机能，按照指定的规范或标准，通过观察或检测工具，对影响设备正常安全运行的一些关键部位的外观、性能、状态与精度进行制度化、规范化的监测检查，属于动态的检查方法。关键部位检查能准确评价设备的能用程度、磨损程度等情况，是设备管理的重要部分。通过对设备关键部位的检查能及时发现和解决设备的问题和故障，动态地了解设备技术状态和安全状态，有利于提高设备的稳定性和可靠性。按作业时间间隔和作业内容的不同，设备关键部位检查分为日常检查、定期检查两类。

日常检查：作业周期在一个月以内的关键部位检查为日常检查。日常检查的对象是正在使用的主要设备，由设备操作人员或设备维修人员根据规定的标准和方法，以感官为主借助便携式仪器（仪表），以日或周等为周期，对设备的关键部位进行技术状态检查和监测，了解设备在运行中的声音、动作、振动、温度、压力等参数是否正常，并对设备进行必要的维护和调整，检查结果记入日常检查记录当中。日常检查的目的是及时发现设备关键部位的异常，防患于未然，保证设备正常安全运转。日常检查的作业内容比较简单，作业时间也较短，一般可在设备运行中进行，所以对生产影响不大。

定期检查：作业周期在一个月以上的关键部位检查为定期检查。定期检查时，设备维修人员或专业检查人员根据检查项点的要求，凭感官和专用检测工具、仪器等，定期对设备的技术状态进行全面检查和测定。除包括日常检查的工作内容外，其检查作业主要是测定设备的劣化程度、精度和功能参数，查明设备异常的原因，记录下次检修时应消除的缺陷。定期检查的主要目的是确认设备的缺陷和隐患，掌握设备的劣化状态，为进行精度调整和安排计划修理提供依据，使设备保持规定的性能。设备定期检查的对象主要是重点生产设备，其工作内容比较复杂，工作时间较长，一般需要停机进行，所以必须与生产计划协调编制检查计划。

2. 设备的巡视检查

设备性能和参数的变化，除依靠设备的保护、监视、监测等手段外，对于设备故障和异常初期的外部现象，则主要依靠职工定期和特殊的巡视检查来发现。班组的巡视检查工作主要内容包括：

当值人员或各技术人员按照不同设备的运转情况制定出各自的巡视检查对象、路线，问题应及时解决或上报处理，保证各系统的有效运行和重点设备正常运转。

巡视检查的主要方式包括：眼看——用双眼目测设备看得见的部位，观察其外表变化来判断是否存在异常现象，是巡视检查最基本最常用的方法。耳听——用双耳分析现场设备发出的声音，来判断现场设备是否处于良好运行状态。很多正在运行的设备，在其工作时能发出表明其运行状况的声音，巡视检查人员随着经验和知识的积累，用耳朵就能判断设备是否运行良好。鼻嗅——对于一些电气设备，本身带有绝缘材料，而这些材料过热会产生气味，巡视检查人员一旦嗅到巡视范围内有烧损的焦煳味，应立即寻找发热元件的具体部位，判别其严重程度，如是否冒烟、变色、变形及有无异音异状，从而及时发现设备隐患，及时进行处理。

三、设备管理制度

设备管理必须严格执行和完善各项设备管理的规章制度，使设备得到有效、良好保护，确保设备管理秩序得到正常运行。

1. 专人负责制度

所有设备都要定机定人，并坚持巡回检查，认真填写相关运行记录。每个班组内，都拥有一定数量的设备，每台设备都要有专人负责维护和保养。倒班或多人同时操作的设备，要确定负责人，负责人将所属设备划分成若干部分，分别落实到不同岗位的个人，实行重点和一般相结合的责任制度。单班生产使用的设备，要实行包保制，使用或维护人员短期外出时，班组长应指定专人代管，并监督做好代管的交接工作。

2. 交接班制度

交班人员在下班之前，应将设备运转情况、故障处理情况等填写在班组交接班记录本内，并向接班人员当面交代清楚相关内容。

接班人员必须在上班时提前到达接班地点，按照班组交接班记录认真检查设备，发现问题及时提出，并及时进行解决。接班班组长通过本班人员检查确认记录内容属实，没有争议时，方可接班。设备在接班后所发生的问题，由接班班组长负责。单班生产的设备，在下班时，必须关闭风、水、电、汽（气）以及其他介质开关、闸门等，并将设备清扫干净。

3. 评比考核制度

班组内部可建立设备养护工作的评比考核制度，按照一定周期对设备操作人员或维护人员的设备日常维护保养情况进行评比，对评比结果优秀的职工进行奖励，也可对评比结果比较差的职工进行一定的考核，并在内部进行通报。

四、设备的维护保养

做好设备维护保养的意义在于提高设备运转效率，为生产安全、稳定、优质和低耗做好保障。设备维护保养通常由设备操作人员或维护人员负责。

1. 设备维护保养的基本要求

设备维护保养的基本要求应做到“三好”“四会”。其中，“三好”是：

管好：自觉遵守各项设备管理制度，不得随意改变设备结构，不得擅自动用与自己无关的设备，坚守自身岗位，对使用的设备及其附件做好保管。

用好：操作人员遵守安全操作规章，爱护设备，不让设备带病运转，更不能让设备超负荷使用，杜绝精机粗用、大机小用等现象发生。

修好：按照设备规定的检查周期，按时对设备进行检查，及时了解设备的运行状况，对可能或已经出现的问题及时进行解决并确保试验良好。

在“三好”基础上，还要做到“四会”，其具体要求是：

会使用：维修或操作人员应熟悉并掌握设备的特性、结构、原理和操作方法，正确合理地使用设备。

会保养：维修或操作人员应熟悉并掌握设备基础的保养内容和要求，按照一定的保养周期，按时对设备进行保养，保证设备内外清洁。

会检查：维修或操作人员在设备停止运行时应会检查设备的相关静态参数，对简单的不良情况做出调整。设备启动后，能够根据设备的运行情况发现设备有无异常，是否存在一定的故障隐患。

会排除故障：维修或操作人员通过对设备的外观、声响、温度、运行情况等现象分析判断，能及时发现设备的异常状态，并能判断出异常状态的部位及原因。根据自己确切掌握的专业技能，采取适当的处理措施，解决好设备存在的问题。自己不能解决的，应及时通知其他检修人员协同处理，排除故障。

2. 设备维护保养的内容

设备维护保养的内容包括及时对污浊位置进行清扫，活动部位进行注油，相应松动零部件的紧固，活动部分的间隙调整，以及相关位置的油饰、油封等。简单地说，即“清洁、润滑、紧固、调整、防腐”十字作业法。

(1)清洁：设备的内外要清洁，各润滑面无油污，无碰伤，各部位不漏油、不漏水、不漏气，垃圾打扫干净。

(2)润滑：设备的润滑面、润滑点按时加油、换油，油质符合要求，油壶、油杯、油枪齐全，油毡、油线清洁，油窗、油标醒目，油路畅通。

(3)紧固：设备中需要紧固连接的部位，经常进行检查，发现松动及时扭紧，确保设备安全运行。

(4)调整：设备各动作部位、配合部位经常调整，使设备各零件、部位之间配合合理，不松不紧，符合设备原来规定的配合精度和安装标准。

(5)防腐:设备外部及内部与各种化学介质接触的部位,或长期在室外暴露环境下工作的设备,应经常进行防腐处理,如:除锈、喷漆等,以提高设备的抗腐蚀能力,提高设备的使用寿命。

五、设备运行不良情况的处理

在设备关键部位检查、巡视检查或设备使用过程中,如发现设备运行不良,应及时进行处理并做好记录并向上级报告。

现场使用的设备,特别是行车设备,应保证备有一定的备品备件,相关电子或电气设备还应定期进行上道试验,确保其可靠、可用,保证应急有备。对于双套或双系统运行的设备应定期进行倒切试验,确保一套(系)故障时,另一套(系)切换成功,保证正常工作运行。

1. 对一般设备的处理

(1)若运行不良设备有备品备件,应检查核对后使用备品备件替代。使用备品备件之后,应对该设备进行重点跟踪检查。

(2)设备运行不良,维护或使用人员可自行修复或排除故障的,处理方法须得到班组长或上级主管人员的认可。

(3)班组人员不能修复的设备,应及时向上级部门汇报,经上级部门同意后交相关人员处理,必要时启动相应的应急预案。

2. 对行车设备的处理

凡与行车有关的工务、电务(含通信)、房建、给水、电力、牵引供电、车辆、信息系统等设备均应纳入行车设备的范畴。发现行车设备异状或故障时,应记入“行车设备检查登记簿”,并通知维修单位及时检查修理或更换。如维修负责人认为能保证行车安全时,须在“行车设备检查登记簿”内签注意见,由车站签认。如危及行车安全时,应立即停用,进行防护。设备修复后,由负责人将修复情况记入“行车设备检查登记簿”并报告车站,经检查试验良好后,方可签认使用。

第四节　班组成本管理

成本是指为保证正常的运输生产所发生的材料、人工、能源、劳动用工等的耗费。铁路各基层站段、班组要充分调动和组织全体职工，在保证安全生产的前提下，对企业生产经营过程的各个环节进行科学合理的管理，力求以最少生产耗费取得最大的安全和经济效益。

一、成本管理基本知识

在抓好安全管理、生产管理的同时，抓好成本管理，大力提倡节支降耗，降低成本支出，是班组管理的重要工作。

1. 铁路各单位在进行日常生产经营、保证正常运输秩序、确保安全生产的同时，都需要进行成本预算，大到全局，小到班组，对不同的成本方案进行比较、选择，并从中选出可行的或者最优的方案来具体实施。

2. 成本决策方案确定以后，就需要铁路各系统、各单位分工协作，相互配合来完成方案确定的任务。为了达到这个目标，基层单位需要制定各种预算指标和标准成本，通过对这些预算指标和标准成本的分劈与落实，在保证铁路运输安全生产的同时，确保成本支出最优化。

3. 既要通过各基层单位、班组所取得的安全成绩有效评价其经营成果，又要根据需要对各班组为完成日常各项任务发生的各项费用即支出成本进行考核。

4. 铁路各单位在成本管理方面要以人为本，充分挖掘人的潜力和调动人的积极性、创造性、主动性。要大力宣传提高企业经济效益，符合铁路企业每名员工的共同利益。企业只有获取利润，才能求得生存，因此，必须将全体员工都动员起来，真正做到全员重视成本，全员抓成本管理。从宣传发动工作抓起，加强成本与铁路职工利益等方面的宣传教育，使职工真正树立成本观念，更好地推行全面成本管理，提高企业经济效益。

5. 铁路各单位、一线班组要健全成本管理机构，配备精干、得力人员，坚持专业管理和群众管理相结合的原则，形成全员抓成本管理的网络，使成本管理渗透到各车间班组生产经营管理的各个方面、各个环节，真正形成人人关心成本的新局面。

6. 要运用科学的方法推行全面成本管理，各单位、班组要对影响成本较大的因素进行技术攻关，从而降低成本，提高经济效益。要对组员进行全面成本管理的培训，使组员掌握降低成本、加强成本管理的方法，鼓励组员结合企业实际运用这些方法，加强成本管理。

7. 要制定切实可行的全面成本管理方法，各单位、班组要从成本管理的角度分析本单位成本高低的原因，针对这些问题，建立一套完整的成本管理保证体系，实现成本费用目标。从车间班组、个人层面都承担成本费用的责任，将成本费用目标层层分解落实，并把成本管理目标责任制同绩效考核挂钩，贯彻责权利相结合的原则，把目标成本完成好坏与经济效益结合起来，奖优罚劣，形成单位算总账、车间部门算分账、班组算细账、个人算小账、全单位一盘棋的体系，做到一级保一级，人人有指标，个个抓落实。

8. 各班组要坚持成本支出高标准、严要求，步步拧紧螺丝钉，挤干水分，对违规违纪、弄虚作假、虚报瞒报、乱挤成本的行为做出严肃处理，保证成本的真实性。

二、物料器具管理

物料器具是保障设备运行良好和运输秩序正常的重要基础之一，包括物料、工具和仪表。物料器具管理就是根据相关制度，合理保管、使用、消耗相关料具,主要包括库房料具管理及上线料具管理,是班组管理的一项重要工作。料具正常调配使用,有利于促进生产维护保养工作的开展。

(一)物料管理

班组长作为现场生产的组织者,应认真考虑班组在生产运输过程中的预算用量,结合需用资金、仓储容量、变质速率以及危险性等因素,合理制订物料计划。物料消耗要有明确详细的支出记录,杜绝班组对物料“大撒手”的管理和“大敞口”的使用,禁止产生浪费现象。

1. 物料存储管理。班组长应组织物料员对生产现场物料实行定置管理,在生产现场规划出专门区域放置物料,并根据物料类型和特点划分为若干子区域,每个区域之间应留有相应的通道和明显的分界线。班组每位职工都应清楚储放位置,充分做到随时用随时取。存储物料要建立相应台账,做到账物相符。

2. 物料清点核对制度。班组应定期对所管物料进行清点核对,对消耗量较大的物料及时进行补充。对上线作业携带物料,作业完毕后进行清点核对,不可遗留线路。替换下来的废旧物料要及时回收处理。

3. 物料存储安全管理。生产用的酒精、汽油、机油、润滑油、油漆等易燃易爆危险品要放置在远离工作区域的地方,要有醒目的“易燃易爆危险品”标识,并充分做好防盗工作。生产物料附近应配备完善的消防器材,并保证班组每位职工清楚存放位置及使用方法。班组长应配合相关维修人员定期对消防器材进行保养检查,使之处于良好状态,若出现故障或失效情况,应及时进行更换。

(二)工具管理

工具是企业生产不可缺少的生产资料。班组工具管理,是指对班组使用的各种工具进行领取、使用、保管、修复及报废等管理工作。

1. 工具的存放

工具应按照一定的类别分别保管，各种工具要在其保管地点挂上标签。班组应设工具管理员来具体负责工具的管理工作。

2. 工具的领取

职工使用工具时应办理使用手续，进行登记，并按要求及时归还和销记，如工具损坏或遗失，使用人需赔偿，并由班组长上报登记。

3. 工具的使用保管

工具的使用应按工艺要求，在工具强度、性能允许的范围内使用。在工具使用时应注意以下四点：

(1)严禁串规代用(如螺丝刀代凿子、钳子代榔头)；

(2)严禁专用工具代替通用工具；

(3)严禁精具粗用的现象发生，并在使用中注意保持精度和使用的条件；

(4)特殊场所使用的工具还应粘贴相应的反光标识。

工具使用后应妥善保管，一般工具应进行清洁保养后放入工具箱内或工具架上。有精度要求的工具应按规定进行支撑、垫靠。特殊工具使用完毕后应进行油封或粉封，防止生锈变形。

4. 工具的清点校验

由于工具使用的频繁性和作业地点的变更性，工具容易被遗忘在工作地点或作业人员互相误收，因此作业完毕后应对工具进行查对以保持账物相符。

5. 工具的修复和报废

工具都有一定的使用寿命，正常磨损和消耗不可避免，能修复的应及时采取措施，恢复原有性能。对于不能修复的工具，在定额范围内可按手续报废。由于使用不当造成工具损坏或报废时，要查明原因，并及时上报工具管理人员，由当事人或所在班组负责按相同规格型号配齐损坏工具，必要时追究相关人员责任。

（三）仪表管理

仪表是用以检出、测量、观察、计算各种物理量、物质成分、物性参数等的器具。在生产中对于分析、衡量设备的状况、参数有着非常重要的作用，因此应做好仪表的管理工作。

1. 仪表的保管

班组应对仪表建立台账，对型号、数量、名称、规格、日期、附件及生产厂家详细记录。使用时认真执行领用制，进行登记，用后及时归还销记。

2. 仪表的使用

仪表使用前先检查合格证，无合格证的仪表不应投入使用。投入使用的仪表应注意六点：

（1）注意仪表的工作环境和工作条件，如温度、湿度等；

（2）检查相关仪表电源和其他动力源是否匹配、接触或密封是否良好，各外设附件是否配置得当，准备就绪方可开机；

（3）未经许可不得拆卸分解仪表；

（4）仪表的操作顺序、方法、连续使用时间、使用精度、使用极限等应符合技术规范要求，不超负载使用；

（5）使用时对操纵和控制手柄、形状、按钮要用力得当；

（6）仪表不带病工作，不以粗代精。

3. 仪表的检查

为保证仪表功能的准确性、一致性、可靠性，仪表管理应遵守周期检查制度。班组必须按照主管部门有关周期检定制度的规定，按时、按量把仪表送交制定检验部门检定，并保存好检定卡片或表格、记录。

4. 仪表的维护保养

仪表维护保养的主要内容是防尘、防潮、防腐。对于仪表中的灰尘要请有关人员定期清除。

防尘：所有仪表使用后必须整理或清洗干净后进柜，精密仪表要用袋装好，不能裸露。所有仪表必须定期进行整理，切实保证仪表干净无灰尘。

防潮：保证仪表放置场所上不漏水、下不潮湿，保持四周空气流通，凡容易受潮的仪表都必须在周围放入干燥剂。

防腐：仪表周围严禁放置具有腐蚀性的化学物品，防止仪表因受腐蚀造成度量不准或损坏。装有电池的仪表，长期不用时应将电池取出。

5. 仪表的遗失报废

对于个人保管的仪表，建立仪表遗失赔偿制度，无论主观还是客观原因造成的遗失情况，都应认真进行处理，并立即上报主管部门，针对不同情形，采取经济赔偿的方法。仪表确因使用年限长久、性能低劣、严重损坏等无法修复，或因科技发展而失去价值，班组可通过车间向主管部门提出报废申请。主管部门经有关机构技术鉴定，审查同意后，填写报废申请单，报领导审批，正式报废。报废后的仪器由主管部门统一处理。

第五章 班组文化建设

班组文化是企业文化的重要组成部分，是企业班组在物质生产过程中所形成的具有本班组特色的文化观念、文化形态和行为模式，以及与之相适应的制度和组织机构，体现班组及其成员的价值准则、行为规范、共同观念和凝聚力。企业最好的代言人，就是一线班组的普通职工；企业文化最真实的体现，就是一线职工的行为和思想。企业文化在班组中孕育、发芽、成长、壮大，代表了一线职工的思想和意愿，反映了一线职工的精神和行为。企业进行文化建设，必须坚持“走群众路线”，即收集、整理一线职工的行为和事迹，从中提取一线职工的思想、意愿和价值观。若企业文化与基层职工的精神、行为有矛盾，则文化便成为挂在墙上的空话。

第一节 班组文化建设的力量

班组文化建设就是要以人本管理为中心，以树立班组团队精神为核心，以强化班组管理为重点，以打造安全、质量文化为主线，以节约、创新为突破口，以实现自控型和谐班组为目标，确保企业实现又快又好发展。班组的文化建设，简而言之，就是在日常工作中，深入挖掘组员的精神和事迹，达到引导人、规范人、激活人、塑造人的目的。

班组是企业的“细胞”，企业最基本的生产单位，也是企业安全管理的最终落脚点，班组文化建设的好坏直接影响着企业各项经济指标的实现。只有在日常工作中切实加强班组文化建设，才能为职工创造一个良好的工作环境，激发他们的工作积极性和创造性。班组文化，是完善班组管理的第一工具，是激发班组活力的第一触媒，是提升班组绩效的第一法宝。班组文化对于班组建设具有以下作用：

1. 潜移默化塑造人。班组文化的力量在于“化”，潜移默化，以文化的感染力影响、塑造人的心灵。一个班组形成了良好的习惯、作风、舆论，形成了这种传统和环境，处于这样班组的成员，受到这样班组文化的熏陶，逐渐地就会成为一名优秀员工。

2. 榜样力量引导人。形成优秀班组文化的班组，一定是形成了骨干队伍和汇聚了榜样力量的班组。榜样的力量是无穷的，在榜样的示范作用下，一代又一代员工会沿着正确的方向成长和发展。

3. 优秀传统熏陶人。好的传统能够熏陶人健康成长，优秀的班组文化一定是形成了良好传统作风的班组。良好的传统作风是一种“软约束”，在优良传统作风的“软约束”下，班组新成员就能够代代相传，甚至青出于蓝而胜于蓝。

4. 需求满足激发人。马斯洛的需求层次理论告诉我们，人的需求分为五个层次，像阶梯一样由低到高，逐级递升，分别为：生理的需求、安全的需求、情感和归属的需求、尊重的需求、自我实现的需求。班组文化之所以称为“文化”，就是说，在班组内大家不只是干活和赚钱，不仅仅是满足职工的低层次需求，而且还能够通过各种文化活动和环境的作用，满足职工情感的需求、尊重的需求和自我实现的需求，实现自我价值，获得快乐和成就感，从而激活职工的潜能，调动职工的主动性、积极性和创造力。

5. 团队协作凝聚人。班组文化建设的意义在于塑造出最有利于企业和班组发展的价值观、思维模式、行为逻辑、形象面貌等，形成一个强有力的磁场，进而来影响、同化、塑造每一个班组职工，形成上下一心、团结一致的班组凝聚力。通过班组文化建设，班组内部形成共同的目标、共同的追求，产生的是集体荣誉感。一致的思想，统一的行为规范，必然会促使大家心往一处想，劲儿往一处使，增进班组和谐，促进团队协作。文化的认同会使人发自内心地向着同一个目标自觉行动，这绝不是制度的硬性规定所能达到的境界。很多如同散沙的班组在创先争优的目标激励下形成了同心圆，文化就像磁场圆的中心，使大家有困难一起解决，有任务一同完成。

第二节　班组文化建设的推进

班组文化建设中，“文”是对班组价值观、理念、口号等文化信息的提炼，“化”是将价值观、文化理念落实为班组职工的行为模式。确立符合本班组特色的“文”，并通过一系列工作“化”为班组职工行动指导，就是班组文化建设的过程。

一、班组文化建设要切合班组实际

班组文化建设必须考虑班组内职工的需求和价值观。职工以班组为平台，个人的需求得到满足后才能对班组产生认同感，个人的价值观与集体的价值观一致时，才会强化个人行为。

不被认同的文化，设计得再好，也只能贴在墙上。切合班组实际，被大家认同和拥护的班组文化才会大放异彩。

二、班组文化建设的步骤

一般来说，班组文化建设的主要步骤为以下四个方面。

(一)树立班组的共同价值观

价值观是一个人对周围客观事物（包括人、事、物）的意义、重要性的评价和看法。价值观指导着人们的行为，是决定人的行为和选择的心理基础。

所谓班组的共同价值观，就是指班组职工对班组生产活动和行为的评价，包括班组存在的意义和目的、班组各项制度、班组中职工的行为等。

班组是多个个体的集合，每个个体都会有自己的生活阅历、思想认识，由此班组内部职工的价值观也各有千秋。价值观的差异，会使人们对同一件事的价值判断不尽相同，反应也各不相同。例如，对于同一项班组管理制度，有人认为其合理，就会认真贯彻执行；有人认为其不合理，就会产生抵触心理，千方百计不执行。全体班组职工只有拥有共同价值观，才能对班组内的管理制度、决策和行为模式有相同的看法和反应，所以建设班组文化首先要在班组内树立起共同的价值观。

价值观属于思想范畴，不能通过制度、规定或者权威使其建立或者改变，因此在建立班组共同价值观的过程中应注意以下三点。

1. 为班组确定较为明确的理想或目标。目标能起到凝心聚力、催人奋进的作用。这个理想或目标是在了解全体班组职工的期望后确定下来的，班组的目标与职工的期望方向一致，且与班组工作的具体要求相统一，班组职工才会为了这个共同的目标而奋斗。同时，目标应明确且具体，让班组职工信服并追随。

2. 要在确立过程中与班组职工充分沟通。在工作和生活中及时了解大家的想法，并做好班组职工的思想工作，使班组职工的观念一致，并把这种统一的观念转化为全体职工的共同信念，成为班组共同的价值观。

3. 在确立过程中班组长要以身作则、言行一致、恪守共同的价值观。领头的管理者身体力行，跟随的班组职工才能心悦诚服。在日常工作中，班组长需要不断以自己的行为向班组职工诠释班组的共同价值观。

(二)提炼班组文化理念

有了共同的价值观，接下来就要将达成的共识进行提炼，形成简短有力、朗朗上口的语句，作为班组的文化理念。

好的班组文化理念不仅能够调动班组职工的积极性、进取心与责任感，还能强化班组职工的行为准则，鼓励全体班组职工共同去塑造良好的班组形象。对内，既是一种自我约束，也是一种自我激励；对外，则昭示自身理念，是一种决心、胆量的表示。

（三）班组文化的传播

有了共同的价值观和理念，只是文化建设的基础。传播班组文化，使班组文化真正内化为班组职工的精神理念，是班组文化建设中至关重要的一环。

文化能够产生影响力和感召力，是不断传播的结果，班组文化传播的常见载体和通道有以下三种。

1. 楼宇文化、文化墙、文化长廊

楼宇文化、文化墙、文化长廊因视觉效果显著，具有非常直观的文化传播功效，已经为很多班组所采用，成为班组文化传播的重要途径。

文化墙等载体不但传播了班组文化的理念部分，还传递了职工的价值和荣誉，如职工明星墙记录了职工的闪亮事迹，展现了职工风采；亲属笑脸墙记录了家庭的温馨时刻，增强了职工的安全意识；荣誉称号墙记录了班组的光荣历史，增强了职工的集体荣誉感，营造了良好的班组文化氛围和环境。

2. 班组案例集、故事集

班组文化建设不是文化重新创造的过程，而是对班组原来存在的潜在文化要素的高度提炼。收集班组日常工作生活中一个个平凡的事例，将美好的故事、优秀的人物事迹转化为班组统一的文化理念、文化故事。这样的案例集、故事集贴近班组职工的日常生活，能够潜移默化地影响班组职工的思想与行为。

3. 其他途径

可结合班组实际，发展其他传播途径，如学习室小黑板、宣传栏、班组小报、信息化平台等。

(四)全面推行实施

当文化能真正作用于行动时,才能体现出文化的价值所在。将班组的共同价值观、文化精神付诸行动,使班组职工形成统一且符合组织需求的行为,是班组文化建设的关键环节。在全面推行实施过程中,应注意抓好以下关键环节。

1. 内化以“团队”为核心的班组精神是班组文化创新与实践的核心。

一个班组就是一个团队。班组长作为班组的灵魂,是班组团队的引领者,是各种规章制度的执行者、管理措施的落实者,必须“两个文明”一起抓,才能以文化人,以魂铸人,内化于心,引领众人。班组精神建设集中体现为一种团队精神,而团队精神必须做到群体认同。因此,要在发动职工征集岗位精神和人生格言基础上,提炼班组精神,形成以进取向上、追求卓越为核心的班组团队理念,并通过思想上互帮、作业上互控、技术上互教、生活上互助,营造“在一起共事是缘分、互相支持是情分、干出成绩是福分”的和谐“小家”氛围,树立“团队利益高于个人利益”的理念,从而把团队精神融入具体工作岗位之中,成为班组全体成员的共同行为导向。

2. 固化以“四化”为标志的班组物质文化是班组文化创新与实践的基础。

当然,班组团队精神不是抽象的,必须通过建设优秀的物质文化显示出来。有专家提出评价班组物质文化“四化”标准:一是班组环境学习化。以创建学习型班组为载体,通过开展学技练功、技术攻关、读书评书等活动,使班组职工工作学习化,学习工作化,引导职工感受学习的快乐,在班组着力营造学习、进取的文化环境。二是宣传阵地齐全化。班组有职工学习园地、宣传橱窗、阅报栏等齐全的宣传阵地,并坚持做到形式设计新颖,内容常换常新。三是文化活动群体化。适时在班组开展职工群众喜闻乐见的文体活动。四是班组管理民主化。提高班组民管会的质量,使班组内任务公平、班务公开、奖惩公正，职工心平气顺。

3. 优化以“创新”为重点的班组管理机制是班组文化创新与实践的重要途径。

班组管理必须与时俱进，以新视角、新理念审视、探讨新形势下管理工作的新特征、新方法，才能适应新体制的要求。一是重在服务，提升班组在企业管理中的重要地位。车间（科室）必须设专人负责班组建设。要把班组文化建设纳入企业经营管理工作的重要议程，认真研究班组建设规划，调查分析班组建设现状，解决班组建设中的倾向性问题。车间（科室）要扎实有效地抓好班组建设，组织落实班组建设规划，指导帮助班组健全管理制度，有计划地做好后进班组的帮促转化工作，及时发现和解决班组建设中的问题。二是重在以人为本，体现现代企业管理理念。现代企业管理已经进入人本管理、知识管理的新经济时代，也就是以软约束为主的文化管理时代。一方面要注重刚性管理，从严治企、依法治企，严制度上标准，严规章上水平，确保班组管理有序可控；另一方面要尊重职工人格，增大管理的亲和力、凝聚力，激发人的热情和潜能，为职工施展才华、实现价值搭建舞台，使企业发展愿景与职工抱负目标统一，培养自信、自立、自律的职工队伍。三是重在基础，促进班组管理达标。班组管理是企业管理的最终落脚点，是企业基础管理达标的具体体现。当前，要完善各类“达标”标准，加强民主管理，发挥班组“五大员”骨干作用，做到“总账不漏项、事事有人管、人人都管事、管事凭效果、管人凭考核”，促进班组基本管理素质的提高，激发职工学标、对标、贯标、达标的热情，培养职工现场作业依标兑现的自觉性，促进班组基本作业达标、基本制度落实、基础管理到位。

4. 外化以“习惯”为标志的职工行为是班组文化创新与实践的手段。

企业文化理念要变成员工的良好习惯不是一蹴而就的，需要强化“没有完美的个人，只有完美的团队”的意识，将企业文化理念引入班组管理实践，把班组管理从制度管理上升到文化管理层面，从理念层面上升到自觉习惯。一要自觉养成向问题学习的习惯。通过向问题学习，总结经验，找准差距，以训促学，打造学习型班组。二要自觉养成良好的常态习惯。日常精细管理，要体现“最高标准是全员标准，最佳状态是常态”的境界。三要自觉养成精细执行制度的习惯。要坚持“执行高于一切”，通过建立和完善执行力文化，把精细习惯体现在班组管理过程中的每一个细节，体现在系统化的每一个流程。为确保标准化作业，做到“工作讲程序、作业讲标准、行动讲纪律、落实讲考核”，把职工学先进的热情和干劲化为看得见、摸得着的具体行动。

5. 强化以“精细”为特征的班组长综合素质提升是班组文化创新与实践的保证。

班组长既要管又要干，杰出的班组长要具备扎实的专业知识基础，丰富的现场管理经验，正确的作业管理方法，卓越的组织协调能力，良好的交流沟通技巧，独立分析和解决问题的能力。从打造精品、建设一流职工队伍素质要求看，班组长综合素质集中体现在两个方面：一方面，业务要精。就是业务技能精湛，特别是要熟知本工种作业程序、工艺标准和规章制度，要具备熟练应对各类突发问题的能力。因此，班组文化重在建设，努力提升班组长队伍任用机制。要建立和实施班组长培训、考核、选拔、管理一整套行之有效的措施办法，真正把安全责任心强、业务素质高的同志放到班组长岗位。同时，明确界定班组长在管理中的责任权利，保证班组长管得了、管得住、管到位、管得好。另一方面，管理要细。班组长在工作中必须用心细密，管理精细，考核严细，把关仔细。工作抓细，才能做到细中求真、细中求深、细中求实。因此，作为班组长考虑问题要全面，要抓环节中的主要矛盾，制定各项工作预案，作业怎么干，谁来干，干到什么程度，要心中有数。只有预想周密，才能确保班组有精湛的能力，带出一支特别能战斗的精干队伍。

总之，班组文化的创新与实践是一项系统工程，它是与企业生产经营中的人、机、料、法、环、信诸要素融合在一起，形成企业有效的经营体系，是企业经营实现健康持续发展的可靠保障。

第三节　创新型班组建设

创新在21世纪已经成为企业核心竞争力建设的关键。卓越的企业需要创新型班组，将创新责任全员化，从而变成企业永不枯竭的创新动力。

一、创新型班组内容

只有人人成为班组创新的主动参与者，创新的智慧火花才会迸发，才会形成浓浓的班组创新氛围。创新绝不是一个人的闭门造车，而是要求全员参与，人人是主动的参与者。

(一)创新的意义

1. 创新是顺应客观规律的需要

“变”是这个世界的主题。因此“穷则变，变则通，通则久”，只有“变”才能“久”，没有变化，一切皆无。因为别人正在进步，所以原地踏步即意味着退步。无论是企业还是个人，只有创新求变才可以进步，取得发展。

2. 创新是适应环境的需要

竞争激烈的时代对企业的经营理念、管理水平、质量水平、效益提升等提出了更高的要求。强者主动求变，弱者被动应变。先知先觉的人，可以推动变革，领导未来。在经济转型期，企业只有主动求变，提升经营理念、创新管理机制、创新技术、创新产品，才可以胜出。

3. 创新是追求卓越的需要

创新成就卓越，卓越的企业都将创新视作企业文化内容的核心，把创新和变革作为基本的经营理念，在创新和变化中寻找机会，员工在创新过程中体验工作的乐趣和意义。

4. 创新是员工自我实现的需要

创新，是员工实现人生价值的最佳路径，是建立企业归属感的高效手段。具体而言，激励员工创新的意义在于：有组织地激发个人的创新潜能；快速提升员工的工作技能；充分展示个人的才华；获得组织的赞誉和承认。

（二）创新型班组的特征

班组是企业运营的最基本单位，班组无活力，企业必将衰亡。因此，企业创新的源头在班组，企业创新要从班组抓起。只有班组创新，才能真正生成企业创新的组织基因，建设创新型班组是企业顺应时代发展的必然要求。

1. 人本激励，激活创新。创新型班组有创新的激励机制和管理平台，能够最大限度地激活班组创新意识，将创意激发出来，并将创新成果运用于实践，产出实际价值。

2. 开放、民主、包容的班组文化。创新是一种具有高度自主性的创造性活动，依赖于不同思想、意见的相互交流和碰撞，依赖于全体员工的积极参与和真诚投入，形成平等、民主、开放、包容和积极行动的班组文化环境。

3. 激情工作，人人创新。人人都是创新的主体，人人都具有强烈的创新意识和创新精神，班组内部形成了创新的氛围。

4. 勇于自我否定。陶醉于昨天的成功是阻碍创新的危险因素；满足于现状，是创新的最大阻力和敌人。在创新型班组中，班组成员要不断修炼自我否定的品格。

5. 以问题为师，以实践为师。问题是创新的契机，创新不能脱离实践。

6. 思维活跃，打破常规。创新型班组里的每一个成员都应该具有十分强烈的创造性解决问题的热情，具备思维活跃、善于打破常规、常常有奇思妙想出现的特点。

7. 追求卓越,超越自我。具有挑战精神,勇于挑战新高度、新事物,具有不断超越、追求卓越的意识和能力。

(三)成为一名合格的创新型班组成员

1. 自控性,宠辱不惊,自强不息。自控性主要是指班组成员在理解与适应工作环境的基础上所产生的自我协调能力及环境协调能力,主要表现在保持情绪稳定和完善情感理性上的能力,是创新人格健全发展的重要条件。

2. 自主性,迅速反应,马上行动。始终如一地以顽强的意志积极践行既定的目标,有条不紊的行为方式,受挫不惊、临危不乱的精神状态,干脆利索、当机立断的实践风格,是杰出创新者的人格。

3. 独立性,要形成适合自己的工作模式。独立是在一切可以继承的事物、理论基础上的独立执行和独辟蹊径。独立思考而非蔑视他人意见,独创思路而非拒绝继承。

4. 冲动性,创新就是"智慧的冲动"。始终保持着创新思维或创造活动的状态,充满沿着事物发展规律去发现、去创造、去变革的强烈渴望。这种状态会促进灵思飞动、灵感喷涌的高能思维态势和高度的创造活力。

5. 探索性,贯穿创新活动全程。始终以饱满的热情探索未知领域,善于发现自身的智能弱项,积极主动地开阔视野。探索性是指向未来的力量源泉,是发展的起点,是贯穿于创新活动的第一驱动力。

6. 灵活性,思方行圆。灵活性包括适应性、弹性。灵活而不失主见、创见;适应而不失本色、自尊。富于弹性而不失韧性、刚毅,使创新不机械、不僵化、不教条。

7. 耐久性,得意不忘形,失意不失志。耐久性是指能够持续地投入创新活动,不在意一时、一事的挫折和失败。持之以恒、坚持不懈地艰苦探索才会成功。

二、创新观念塑造

重塑创新观念，做到事事可创新，人人都创新。错误的创新观念包括：一是创新唯天才可为，非一般人员可为；二是创新是研发部门的事情，非基层员工的责任，这使得基层人员时常对创新敬而远之。建设创新型班组，首先就要改变班组员工对于创新的错误观念，帮助班组成员认识创新的定义，创新的责任。

（一）事事可创新

1. 创新的要素

创新三要素包括新颖、实现和价值。新颖是指别人没有想到的，或者在本企业之前没有试行过的。新颖并不意味着新发明、新创造，也可以是对现有事物的改进和完善。实现是指创意必须是可付诸实践、可实现的。价值是创新的核心要素，创意若不能带来价值，也不能称其为创新。

创新的过程包含创意、创新和创造。创意是指一个好的构想，当构想付诸企业管理、产品设计、生产制造、市场营销等环节时，实现创新；当创新运用于生产、生活实践中创造出经济和社会效益时，实现创造。

创新不是单纯的求新、求异，创新必须创造新价值。创新人员有时会进入创新的陷阱里，偏执于产品和技术的完美化，而与市场需求脱节。所以，在创新的过程中，创新要以市场为导向，以顾客需求为导向，以企业效益为导向，确保创新产生经济价值。

2. 班组创新的范围

（1）价值观、理念的创新包括管理理念、绩效理念、服务理念、质量理念等的创新。价值观、理念的创新是创新的先导和“火车头”，理念的创新会带来革命性的变化，同时也会产生一系列的后续创新。

（2）管理创新包括班组管理模式、管理方法、管理手段的创新等。管理创新是班组创新的关键，因为管理机制会影响员工积极性，进而影响其他方面的创新。

(3)技术创新对于产品品质的提升、经营成本的降低起着巨大作用。产品创新包括产品的定位、功能、包装等的创新。

(4)工艺创新包括工艺流程改进、工艺技术创新等，以达到增效、节能、降耗、环保等目的。

(5)原材料或者资源创新包括开发可替代资源、循环再利用等。

(6)生产方式创新是班组降低成本的有效方法。

创新并不仅仅是指高、精、尖、奇，创新存在于班组的各个环节、各个要素中，从日常生产中的小事做起。

(二)人人都创新

企业创新的主体是全员，尤其是基层班组成员。班组成员处在企业生产、销售、服务第一线，对企业的生产经营状况和客户需求都有着最直接的了解。企业要实现创新，就要大力鼓励基层人员进行创新，充分调动基层人员的积极性，激发基层人员的创造潜能。

三、创新思维能力训练

培养创新思维能力，从改变思维定式开始，不断提升创新能力。创新是每个人都具备的能力，通过有效的训练以及使用相应工具，创新能力可以不断得到提升。

(一)突破思维定式

通过长期的生活实践，每个人都形成了自己所固有的格式化的思考模式，即思维定式。在某些情况下，定式可使我们应用已掌握的方法迅速解决问题。但对于创新而言，思维定式往往变成了新思维的枷锁，阻碍新创意、新点子的涌现。

思维定式主要包括权威思维定式、从众思维定式、经验思维定式。每个人的观念或多或少都会受到权威的影响，人们已经习惯于不假思索地引用权威、专家的观点，这是权威定式。权威定式有利于习惯性思维，有碍于创新思维。从众定式使个人有归属感、安全感，在日常生活中多表现为“少数服从多数”。由于习惯于“随大流”，大部分人的行为选择其实都是从众的结果，而很少是经过自己的独立思考。经验定式则是过分迷信和依赖前人的经验，并形成固定的思维模式，一切照搬照抄，也会打压创新的精神。

(二)逆向思维法

逆向思维即反向思维，即对常见的、似乎已成定论的事物或观点“反其道而思之”，从问题的相反面进行深入探索。对于某些问题，从果往因推往往可能会使问题简单化，使问题的解决变得轻而易举，甚至因此创造出意想不到的效果。根据思考问题角度的不同，逆向思维法可以分为以下三类。

1. 反转型，即从已知事物(事物的功能、结构、因果关系等)的相反方向思考，发现创新构思的途径。

例如，传统的破冰船都是依靠自身重量来压碎冰块的，因此船的头部都采用高硬度材料制成，设计得十分笨重，转向非常不便，所以这种破冰船无法抵抗侧向漂来的流冰。科学家运用逆向思维法，变向下压冰为向上推冰。改进后的破冰船不仅节约了许多原材料，而且不需要很大的动力，自身的安全性也大为提高。遇到较坚厚的冰层，破冰船就像海豚那样上下起伏前进，破冰效果非常好。

2. 转换型，即在研究某个问题时，当发现解决问题的一种手段受阻，就转换角度思考，去寻找另一种解决手段，以使问题顺利解决的思维方法。

例如，司马光砸缸的行为就是转换思维方向的结果。因为一般人在遇到如何从水缸里救人这样的事时，都是从“如何使人离开水”这个方向想，而司马光却想到了“如何使水离开人”，用石头砸破水缸，水流光后，人也被解救出来。

3. 缺点利用，即将事物的缺点进行合理利用，变被动为主动，化不利为有利。需要指出的是，缺点利用不是以克服事物的缺点为目的，而是将缺点化弊为利，寻求问题的解决之道。

例如，金属具有易腐蚀的特点，但人们将这一缺点进行合理利用，像金属表面电镀方法的应用，就是缺点利用思维法的范例。

(三)联想思维法

1. 联想思维的类型

接近联想是指空间或时间上相互接近的事物之间的联想。

无意联想是指事前不自觉的、没有明确目的的想象。人们常常在注意力不集中或半睡眠状态时，由于客观事物的某些外形特点而进行无意识联想，这是一种最初级、最简单的联想方式。

相似联想是指对性质或形式相似事物之间的联想。例如从铅笔想到钢笔，从数学书想到语文书等。

连锁联想是从一点出发，环环相扣，从现有的联想引发新的联想。

对比联想是指相反的联想，是对于对立事物或特征相反的事物之间的联想。

飞跃联想是对于从表面上看似乎没有任何联系的事物之间的联想。

2. 联想思维训练要点

要“敢于想”。人只有敢于想，才能将自身的想象力发掘出来。人类无限的想象力为科学进入未知领域提供了原动力，因此我们要敢于想象，敢于“异想天开”。

要“能够想”。想象是开启知识宝藏的钥匙，人的想象力的深度和广度是由知识和经验的多少决定的。因此我们要不断丰富知识面，扩大视野，为产生科学的想象提供坚实的基础。

要“善于想”。只有跳出传统观念、书本、名言、经验的条框限制，想象力才会不受约束地自由飞翔。

例如，科学的联想变成实际行动，就会转化成让人欣喜的科学成果。科学家研究提高潜艇的前行速度时遇到了难题，于是人们就想到了海豚。海豚的游泳速度很快，科学家经过研究发现，原来是海豚皮肤的双层管状结构在起作用。根据海豚的组织构造原理，科学家对潜艇进行了改进，潜艇的前行速度果然得到显著提高。

（四）检核表法

检核表法引导人们在创新的过程中对照 9 个方面的问题进行思考，以启迪思路，促使人们想出新的方法和方案。奥斯本检核表法对创新的方向提出了具体的指引，因而具有较强的操作性。

1. 检核表法的 9 大问题

（1）能否他用，现有事物是否有他用，在保持现有事物功能不变的情况下，能否将其用途扩大，对现有事物扩展认知的思路，对功能、技术、应用、材料等做微小的改变，看看能否有其他的用途。

（2）能否改变，能否对现有事物进行颜色、味道、声音、品种、样式等方面的改变，改变后效果怎样。

（3）能否借用，现有事物能否模仿其他事物，能否借鉴其他事物的经验，以前是否有和其他事物相类似的创造发明，能否将其他创新性设想引入现有成果。

（4）能否扩大，能否扩大现有事物的应用范围，能否为现有产品添加新的功能，通过增加新的零部件，能否增加产品的价值、强度、使用寿命。

（5）能否组合，能否对现有事物的原理、方案、功能、形状、材料、部件等进行重新组合。

（6）能否缩小，能否将现有产品的某些部位缩小、减少或省略，使产品简单化。能否使现有产品实现自动化、省力化、微型化，能否对现有产品进行精简、压缩或分割等操作。

(7)能否代用,能否用其他元件或材料代替现有事物,能否用其他功能、资源、结构、动力、设备、原理、方法、工艺代替事物现有的这些功能。

(8)能否调整,能否对已知布局、既定程序、日程计划、产品规格、因果关系、思维模式进行调整和改善。

(9)能否颠倒,能否将事物的上下位置、正反位置颠倒。

检核表法对创造性思维训练有很好的启发作用,它所提出的问题迫使人去进行思考,使不愿思考或不愿提问的人能够尽快地突破心理障碍。提问,特别是提出有创造性的问题,本身就是一种创新思维的表现,同时可能隐含着创意。它扩展了人们的思考角度,明确了人们的思维目标,为创造性思维活动提供了最基本的途径,使创新者的精力高度集中,思维目标不断更新,不断创造和构想出新的东西。

2. 使用检核表法的注意事项

(1)逐条核查不遗漏。

(2)为取得更好的效果,进行多次核查。多次核查可以更加明确创造、发明的方向。

(3)在进行每项核查时,应最大限度地发挥自己的创新能力和想象能力,激发更多的创造性成果。

(4)根据实际需要,可以 1 人进行核查,也可以 3～8 人进行检查。采用集体检查法,更容易相互激励,在集体性的头脑风暴中更容易产生出创新的成果。

(五)头脑风暴法

头脑风暴法是通过召开智力激励会的形式,让参会者无拘无束发表意见,讲出想法,从中发现创新亮点的技法,参加会议的人员相互启发、相互激励、相互补充以填补知识、能力的空隙或不足,从而引发创造性设想的连锁反应,使之逐步接近预期目标。

组织头脑风暴法关键在于以下环节:

1. 确定议题。一个好的头脑风暴法从对问题的准确阐明开始。因此，必须在会前确定一个目标，使与会者明确通过这次会议需要解决什么问题，同时不要限制可能的解决方案的范围。一般而言，比较具体的议题能使与会者较快产生设想，主持人也较容易掌握；比较抽象和宏观的议题引发设想的时间较长，但设想的创造性也可能较强。

2. 会前准备。为了使头脑风暴畅谈会的效率较高，效果较好，可在会前做一点准备工作。如收集一些资料预先给大家参考，以便与会者了解与议题有关的背景材料和外界动态。就参与者而言，在开会之前，对于待解决的问题一定要有所了解。会场可作适当布置，座位排成圆环形的环境往往比传统教室式的环境更为有利。此外，在头脑风暴会正式开始前还可以出一些创造力测验题供大家思考，以便活跃气氛，促进思维。

3. 确定人数。人数一般以 8～12 人为宜，也可略有增减(5～15 人)。与会者人数太少不利于交流信息，激发思维，而人数太多则不容易掌控，并且每个人发言的机会相对减少，也会影响会场气氛。只有在特殊情况下，与会者的人数可不受上述限制。

4. 明确分工。明确分工要推定一名主持人，1～2 名记录员(秘书)。主持人的作用是在头脑风暴畅谈会开始时讲明讨论的议题和纪律，在会议进程中启发引导，掌握进程。如通报会议进展情况，归纳某些发言的核心内容，提出自己的设想，活跃会场气氛，或者让大家静下来认真思索片刻再组织下一个发言高潮等。记录员应将与会者的所有设想都及时编号，简要记录，最好写在黑板等醒目处，让与会者能够看清。记录员也应随时提出自己的设想，切忌持旁观态度。

5. 规定纪律。根据头脑风暴法的原则，可规定几条纪律，要求与会者遵守。如要集中注意力积极投入，不消极旁观；不要私下议论，以免影响他人的思考；发言要针对目标，开门见山，不要客

套，也不必做过多的解释；与会者之间相互尊重，平等相待，切忌相互褒贬等。

6. 掌握时间。会议时间由主持人掌握，不宜在会前定死。一般来说，以几十分钟为宜。时间太短与会者难以畅所欲言，太长则容易产生疲劳感，影响会议效果。经验表明，创造性较强的设想一般要在会议开始 10～15 min 后逐渐产生，会议时间最好安排在 30～45 min。倘若需要更长时间，就应把议题分解成几个小问题分别进行专题讨论。

四、班组创新管理机制建设

创新过程的引导、激励比创新成果的激励本身更为重要。班组创新管理机制建设有三大内容，即创新常态化、创新导出平台、创新活力平台。

(一)创新日常机制，创新常态化

1. 提升目标，激发创新

目标是动力之源。目标具有较强的刺激作用，能增强员工内在的动力，激发员工内在的潜能。适当地提升目标，给员工责任和压力，激发出他们的创新热情。为了实现目标，班组成员会想方设法地开动脑筋，产生创新。

发挥目标激励作用时，个人目标应该是企业和班组目标的分解和具体化，保持与班组、企业的总体目标一致。目标的高度要适当，若设置得太高，班组成员感觉不可能实现，可能会就此放弃。目标内容要具体明确，有定量化指标，既设立近期的阶段性目标，又设立远期的总体性目标。

2. 解决问题，体验创新

创新必须产生价值，因此创新不能脱离企业的实践，创新必须基于企业的实际需求、难题、问题而展开。问题是创新的重要来源之一。创新是对现实的超越，要实现超越，就要以“高标准、严要

求"来审视现实中存在的不足和需要改善的地方，才能找到创新点。班组长要培养班组成员发现、捕捉班组问题和不足的敏锐性，并鼓励他们思考问题，探求解决问题的根本方法。可以通过日常的训练来提高班组成员对认知问题的敏锐意识，如设置"每日一问"环节，将问题管理日常化。

3. 每日一思，思维训练日常化

创新能力的高低关键在于创新思维的程度。科学研究结果证明，人们的创新思维并不只是"灵光一现"，而是可以通过日常的训练来积累，实现量变到质变。每个人都拥有创新的能力，关键在于挖掘。

员工思维的训练要从日常做起。班组长可以每天或者经常在班组内组织创意思维训练活动，通过案例讨论、头脑风暴等方式训练班组成员的发散思维能力、联想能力等。

4. 分享创新，培养创新氛围

创新往往在互动中产生，在思维的碰撞中产生。一个人的思维有其局限性，但是在团队的互动分享中，众人思维的碰撞、交流更容易激活个人思维，新想法、新思想、新创意也更容易产生。

企业应该积极倡导部门之间以及部门内部的相互沟通和交流、分享及互动。在企业里营造宽松、平等、自由的氛围，要搭建班组内部的正式或者非正式的分享平台，有利于产生创新。

例如，为了促进班组成员的有效沟通和思维碰撞，某公司各班组都制定了"创新沟通会"制度。创新沟通会不定期召开，并针对特定主题或有时根本没有主题，通过创新接龙比赛、头脑风暴、水平思维法、六顶思考帽、日常用品创意讨论法等形式激发班组员工的创新思维，员工可在会上介绍本人最近的一个创新点子，所有员工都参与进来，相互补充、相互启发、相互完善。

（二）创新提案机制，创新导出平台

员工有了好的创意、好的点子之后，一个创新的导出平台让这

些创意被发现、认同并实现。

1. 合理化建议制度

合理化建议制度是企业对员工提出的有效提案付诸实践，并对提案者给予适当奖励的制度。合理化建议制度鼓励员工对企业内部现行的工作方法、流程、工具、设备等提出改善的意见或构思，把每个员工的智慧最充分地释放出来。

实施合理化建议制度要遵循以下要点。

(1)针对性。建议应是针对在执行企业战略目标中出现的问题而提出，注意力放在改善目标、改善重点或改善计划上，而不是自由随意、自上而下的大讨论。为了使大家提出的建议有的放矢，班组长可以依据企业或班组中最突出的问题策划一个主题，引导员工的创新方向。例如，当核心问题是质量时，可进行“质量改善月”活动。

(2)激励性。全员参与的广度和深度决定了合理化建议的广度和深度。激励措施是激励全员参与必不可少的一部分。激励包括精神激励、荣誉激励、物质激励等。为了更好地激发和引导员工的活力和潜能，还应有宽松的环境，不能对员工施加太大的压力或寄予过高的期望，要及时对员工提出的即使是细节的改善建议给予充分的肯定。

(3)持续性。合理化建议制度不是一时一事、一朝一夕的事，而是一项长期、持续推进的活动。因为改善无止境，合理化建议活动需要长期不懈地推进。

(4)评议制。组织相关机构和人员定期对员工提出的合理化建议进行评议。可成立专门的评审机构，及时公布评审结果。

2. 创新海选会

(1)设置参选资格。无门槛限制，只要有好的创意和想法，人人都可以参与，调动起每个人的积极性。

(2)设计赛制。可以采用淘汰制，逐级晋升。

(3)制定评选标准。公布创新评选的标准,做到公平、公正、公开。一般来说,创新的评选标准主要包括经济型、新颖型、开拓型、独创型、创新指数、发展潜力、影响力等。

(4)成立创新评审团。成立由企业管理者、专家、基层人员等共同组成的评审团,对创意进行点评和评审。

(5)创新奖励机制。获奖者将获得什么样的表彰和物质激励等,事先公开作出说明。海选会后期,可策划一场大型的创新成果展示会,现场公布获得各类奖项的创新成果。

(6)同合理化建议制度一样,创新海选会也可形成制度,定期开展,每月或者每个季度,长期进行下去。

(三)创新激励机制,创新活力平台

班组成员的创新热情需要班组长去点燃、去激发。创新激励机制是创新型班组建设中不可或缺的环节。目前,多数企业里的创新激励机制主要是对创新成果的奖励,是基于结果的奖励。而对于创新过程的引导、激励,比创新成果的激励本身更为重要。因此,创新的激励机制不仅仅是对创新结果的奖励,更是对创新过程中员工创意的认同、尊重、引导和激励。

创新激励可以分为以下三步。

1. 发现创新

要善于发现创新。在日常工作中,班组成员的小创意、小改善时时存在,作为班组长要具备一双发现创新的慧眼,及时给予激励和引导。例如,在班组早、晚会加入“每日一新”环节,捕捉创新,共享创新。每月选出“创新之星”,对其进行表彰。可以时时发现创新,时时激励创新,营造良好的创新氛围。

2. 展示创新

创新不能束之高阁,还要给其一个展示的平台,在供大家分享的同时,也可以促进和带动其他人进行创新。例如,在班组例会上,创新者发布其创新方案,全体成员共同探讨、交流和完善,同时对创新提案者进行嘉许和激励。

3. 奖励创新

(1)物质激励。企业或者班组要有一套成熟的创新评议机制，根据创新的价值大小，给予不同的物质激励。这是一种最常见的激励方法。

(2)荣誉激励。班组创新，对于创新者来说，物质奖励往往不是最大的诱因，更大的激励来自他人的认同、尊重以及自我价值的实现。例如，以创新者的姓名命名创新项目；通过内部会议、报纸、广播、宣传栏等给予公开的嘉奖等。要让员工的每一个积极行动都得到认同和尊重，使每一位提案者获得自我价值的实现。

在企业里，给员工提供一个展现自我的平台，对员工的改善意见、提案给予积极的引导、肯定，同时辅以必要的物质、精神激励，会点燃员工的创新热情。

第四节　文化型班组建设

企业文化源自基层，企业文化的落脚点在班组。离开班组，企业文化就失去了发展的土壤。因此企业文化建设必须坚持“从群众中来，到群众中去”的原则，从建设文化型班组开始，提炼班组中的文化要素、思维方式和行为风格，并反哺班组，建立班组文化的良性循环系统。

一、文化型班组特征

(一)统一的认知

俗话说，“人心齐、泰山移”“一根筷子容易折，十根筷子折不断”，由此可见集体力量的强大。在文化型班组里，班组成员拥有统一的愿景、使命、宗旨、价值观和行为模式，整个班组目标和行动一致，全体成员齐心协力，班组就会有极强的执行力。

(二)班组长是引领者

班组长既是班组文化的第一示范者,也是班组文化建设的组织者、引领者、规范者和激励者,在班组文化建设中起着举足轻重的作用。

(三)人人创文化

班组文化的建设不是班组长一个人的事,更不是班组长独自琢磨出的一套文化理念和班组手册。班组文化的创建需要班组成员人人参与,共同讨论和提炼,这样创建的班组文化才会获得大家的认同,全体班组成员才会自觉地去遵守、维护。

(四)全员班组管理

人本管理和自主管理是文化型班组的显著特征。在文化型班组里,每个员工都会获得充分的尊重,其潜能因此也会被最大限度地发挥出来。文化型班组真正实现了人人创文化、人人都思考、人人都管理、人人都创标这一理念。

(五)透明化文化管理平台

透明化文化管理平台是文化型班组的一个目视表现系统。这个目视系统体现了班组的核心文化理念和主要管理方法,是塑造班组文化氛围的有效手段,对班组成员培育共同的文化价值观起着潜移默化的作用。

二、班组文化建设的两大系统

班组文化建设旨在让班组成员形成统一的认知,并最终内化为班组员工的具体行为。班组文化理念系统建设主要阐明以下问题:班组的追求是什么?目标是什么?根本方法是什么?具体策略是什么?什么样的行为是对的?什么样的行为是错的?

可以将班组文化划分为两大系统,一是主文化系统,包括班组的使命、目标、宗旨、口号等,它是一种方向性指引;二是子文化系统,涉及班组具体细化的工作,是对班组行为的规范和指引。

(一)班组主文化

1. 班组使命

使命感对班组工作的执行和结果具有决定性影响。班组长的一项重要任务就是引导班组成员准确寻找到工作的使命，进而凝结成班组的共同使命。需要注意的是，班组使命应该具有一定的高度，不应该是肤浅的、零星的，而应是经班组成员系统思考后凝练而成的共同认知。

2. 班组目标

班组目标是使命的具体化，能起到凝心聚力、催人奋进的作用。制定班组目标应注意以下两点：一是目标要与班组工作的具体要求相统一；二是目标要高于现有水平，以起到激励的作用。

3. 班组宗旨

班组宗旨阐明班组应该怎样做正确的事、奉行什么原则、通过什么途径、采用什么方法。

宗旨由使命所决定，体现班组使命的要求。宗旨坚定了员工对于使命的信仰和追求，为员工不断实现使命指出正确的方向，增强员工实现使命的信心。

4. 班组口号

班组口号是班组的一句话宣言，它是班组智慧、意志与目标的高度概括和集中体现。班组口号告诉公众此班组是干什么的，与彼班组的区别在哪里。好的班组口号不仅能够调动班组成员的积极性、进取心与责任感，还能强化班组成员的经营观念和行为准则，鼓励全体班组成员共同塑造良好的班组形象。

那么，如何来设计班组口号呢？有三点需要特别注意：

(1)要体现人本思想。班组口号的适用对象是班组成员，其主要作用是为达到一定的目的、实现某项任务而提出的，对班组成员起着激励以及约束的作用，因此必须符合人本思想。

(2)要体现班组文化、理念。班组口号是班组文化的标签，是班组文化的提炼和升华，因此，在班组口号设计时就必须体现班组的风格、理念、工作方针和班组的核心文化。

(3)口号要朗朗上口。班组口号要求文字简洁、朗朗上口、亲切感人。只有这样，它才能在班组内被大家认同，才能激发班组成员为实现班组目标而努力。

(二)班组子文化

班组的子文化系统是把班组的使命、目标、宗旨、口号深化到执行层面上，是对班组理念、行为规范的具体指引，为班组成员"应该怎么想问题，怎么看问题，应该怎么做，怎么做是对的，怎么做才是高效的"指明方向。

根据班组的日常核心工作内容，子文化可以深入、细化到班组的具体工作中。例如，可以包含以下具体内容：管理文化，用人文化，激励文化，会议文化，执行文化，质量文化，安全文化，成本文化，服务文化，营销文化，效率文化，学习文化，速度文化，精细文化，感恩文化，激情文化，挫折文化，创新文化，分享文化，竞争文化，成功文化，快乐文化，批评文化，改善文化。

三、将班组"文"进行"化"

"文"是对班组使命、思维、价值观等的规范。"化"即"化育"，或者说是教育，指将使命、价值观、思维方式真正转化为班组成员的素养和行动，是"内化于心，外化于行"的过程。

(一)榜样化育法

班组长作为企业的兵头将尾，是班组文化的直接塑造者。班组文化的优劣与班组长自身的言行、管理风格有着直接的关系。

1. 班组长是班组文化的表率

班组内每个成员的价值观、思维方式不尽一致，那么，怎样让所有的班组成员都能够接受班组文化呢？班组长的作用是至关重要的。作为班组文化的表率，班组长的一言一行都对班组成员的行为产生直接影响。因此，班组长在日常管理和工作中所倡导的理念必须与企业文化相统一，成为企业文化的代言人。如果班组长在日常工作中的所作所为与企业文化相悖，班组成员同样会效仿，不认同和不接受已有的班组文化。

优秀的班组长会恪尽职守，身先士卒，发挥榜样的力量，用自己的示范效应，对班组成员的工作作风和工作热情起一种积极的、正面的影响。

如果班组长凡事只动动嘴皮子，遇到困难就躲、见到功劳就抢，班组里还有谁会尽职尽责呢？如果班组长面对工作尽职尽责，遇到困难勇敢面对，班组成就归大家，做事求真务实，班组内也必定会形成良好的风气。所以，班组长应时刻注意自己的言行，经常扪心自问：自己是否真正起到了表率的作用？

2. 班组文化是班组长的镜子

每个企业都有自己的文化，具体到企业的各个班组，每个班组也有体现班组特色的文化，而这在很大程度上又取决于班组长的管理风格。

可以说，有什么样的班组长就有什么样的班组文化。班组长鼓励什么样的行为、约束什么样的行为、赞赏什么样的行为、批评什么样的行为、支持什么样的行为、反对什么样的行为，都会对班组文化产生重要影响，而这一切又都是通过班组成员的行为体现出来的。所以说，班组文化通过班组成员的行为映射了班组长的所思所为，是班组长的一面镜子，班组长的个人性格和管理风格都可以通过这面镜子反映出来。

如果班组长头脑清晰，班组成员责权明确，大家在工作中便会同心协力。反之，班组成员之间就会相互推诿。如果班组长能够慧眼识人，关心人，尊重人，激励人，班组成员就会备受鼓舞，士气高涨。反之，班组成员必定消极被动。如果班组长乐于分享，班组内就会形成相互学习、相互交流的良好氛围。反之，则会封闭保守，各自守着自己的“自留地”。

总之，班组长的管理风格和班组文化的形成是相辅相成的，要引导、建设什么样的班组文化，就要有什么样的管理方式与之相适应。

3. 班组长是班组文化的推手

班组长是班组文化建设的组织者和指导者。班组长要塑造班组的良好文化，必须结合班组的实际。当班组成员的行为符合班组文化的要求时，要及时公开地给予激励和嘉许，让这种好的作风感染其他员工；当班组成员的行为与文化理念不符合时，要及时引导和纠偏。

班组长要懂得善于运用班组的人、班组的事，通过讲故事、说案例、讨论会的形式，将班组文化建设工作日常化。

(二)管理化育法

要将班组的文化理念落实到员工的具体行动上，单纯地靠喊口号、搞活动、摆姿态，起不到大的作用。

班组文化建设要求班组长将管理风格、班组制度、班组流程、班组管理方法等有机地整合在一起，将企业文化理念转化、分解、细化为可执行的任务目标或具体的规范和标准，将核心价值理念融入具体的班组管理制度和流程建设之中，将核心文化融入班组的日常管理活动中。

“管理即文化，文化即管理”。要将班组文化落到实处，必须建立起与之相适应的一套管理模式。管理模式既包括管理者的管理理念、风格，也包括企业的管理制度、考核制度和管理流程等。可以说，班组管理模式与班组管理文化相伴相生，相互影响，相互促进。

班组文化不是喊出来的，而是通过在班组内构建一套适宜的管理模式、方法孕育出来的。例如，企业要想实现创新文化，必须有鼓励创新的奖赏机制，有容许失败的宽容氛围，有创新成果的评选机构、展示平台等。

(三)案例化育法

案例化育法是使班组文化大道至简的方法,是人人可用、人人会用的大众化工具。

1. 认识案例化育法

很多班组在推广班组文化的过程中,喜欢采用灌输的方式,即讲理论,但效果并不好。因为大多数员工都不愿意接受空洞、枯燥的理论,只愿意接受鲜活、生动的实际案例,所以,要使员工形成正确的理念、思维方式和心智,最好的方法是应用案例和故事去启发他们。

简而言之,即通过给员工讲故事或者讲案例,让他们对故事或案例进行思考、判断、分析,将案例的精髓、思维方式、方法总结出来,形成自己的行为模式。以事说人、以事说理,以故事讲文化、讲理念、讲思想、讲哲学。这是大师成就他人的方法,也是成就大师的良好工具。

在这种基于实践的互动、分享、讨论、激励的过程中,班组成员就会形成一种共同的价值观、思维模式和行为逻辑。

2. 案例化育法的应用

将案例化育法运用到班组文化建设中,并经常、长期地使用,文化"化育"的目标就可以达到了。班组文化其实就是通过班组成员不断地讲故事、听故事,把故事里面的精神、价值观、思维方式、基本理念、行为模式等潜移默化地内化到班组成员心中而形成的。

文化化育工作就是在班组工作中养成良好的行为习惯和思维习惯的过程。通过"每天两三讲,每天两三议",将工作中的成功经验描述出来,然后分析提炼成功的思维模式、成功的方法及背后体现的精神、价值观和信念,这是发现和认可被分析对象的过程。在这个过程中,员工的潜能会被激发出来,产生无限的快乐,其他人也会在这个过程中被影响、被触动。

案例化育法能快速形成文化力、育人力、凝聚力、行动力和精神力。班组长如果不会用案例化育法去沟通、阐释和解决问题，不懂得让员工亲自参与案例、故事的分析和判断，就无法真正使得班组文化深入人心。

（四）标杆化育法

“树典型、抓标杆”是常用的文化教育方法。同样，企业和班组也需要身边看得见、摸得着的标杆人物。标杆人物是企业、班组文化的代言人，用他们的榜样力量去感染他人，能让班组文化建设更加生动、真实、有效。

标杆化育法的特点是“人人是标杆、人人是榜样”，变少数人的精英文化为精英大众化。因为班组内每个人都有自己的优势和特点，“精英大众化”便于发现每个人的价值，认同基于班组共同价值的个人价值，激发每个人的潜能，并为此在内部构建了一套发现和塑造精英大众的管理平台和管理机制。

第六章　班组培训工作

在现代企业的发展中，企业间的竞争就是人才的竞争，人才是企业生存和发展的根本保证。企业人才既包括高素质的管理人才、科技人才，也包括高素质的技能人才。班组培训就是根据班组内不同岗位的规范标准和具体工作要求，以提高本班组内每位员工技术业务能力和综合素质为目的的培训，也是企业内高技能人才培养的主要途径之一。

第一节　班组培训的意义与作用

一、班组培训的意义

随着我国市场经济的不断完善和高新技术设备的广泛应用，市场竞争日益激烈，企业要在竞争中重获优势，谋求安全发展，就必须建设一支掌握高新技术，能适应多方位需求的高素质职工队伍，从而为企业可持续发展提供强有力的人才支持。建设一支素质过硬、精干高效、善打硬仗的职工队伍，在企业改革发展的进程中更好地服务安全生产，是每个企业必须考虑的战略问题，职工培训就是企业提高人才素质的重要途径与手段。班组培训是企业三级培训网的重要组成部分，是三级培训网的落脚点。企业职工教育离开了班组培训，就失去了基础。班组培训也是班组建设的重要内容之一，是提高一线职工综合素质的有力举措，是帮助职工“岗位成才”而搭设的平台。

二、班组培训的作用

1. 班组培训是整个企业职工培训的重要组成部分。通过班组培训可以不断提高职工素质,以达到企业培训的总目标。同时在培训工作中不断发现新的问题,通过反馈以及时帮助企业调整培训方向。

2. 班组培训是开展岗位培训的基础与保障。岗位培训是通过班组进行的。职工的本职岗位知识、设备操作能力的提高和岗位素质培养,必须依靠职工在岗位工作中不断进行培训、技能锻炼。否则,岗位培训就难以落到实处。

3. 班组培训是企业构建终身职业培训平台的基础。现代化企业的主要特征是学习型企业,开展终身学习和终身职业培训,是企业发展的必然要求。没有班组的基础保障作用,就不可能搭建起终身职业培训平台。

4. 班组培训有利于降低培训成本,提升培训效果。班组培训的最大特点是针对性强。职工在日常工作中发现问题、解决问题的过程,正是实现工作中学习和培训的最好体现。节省时间就地培训,结合岗位解决实际问题,这些都是节约成本、提升培训效果的重要方面。

5. 班组培训是构建企业文化、促进企业管理素质提高的有效手段。班组是构成企业的核心单元,因此促进企业管理素质提高和企业发展,也是班组培训的最终目标。

三、班组培训的特点

班组的培训应切合实际、因人而异、量化到人,让每个职工都能在培训中找到自己的位置,学到对自己、对企业有用的新知识、新技术。

1. 因人而异。根据每个人的具体情况制订详细的培训计划。

比如,一个职工的理论水平较高,实际操作水平欠缺,那么制订培训计划时,就要加大实际操作、事故处理等方面的内容,使这位职工的整体素质大幅提高。在培训计划上要体现具体培训对象、培训内容、培训时间、培训目标,也就是班组培训本着“缺什么补什么”的原则。这样对于一个班组来说,每个人都可以取长补短,在提高个人素质的同时,也就提高了班组的整体水平。

2. 因岗求变。根据班组人员和工作内容的变化,制订相应的培训内容,使培训工作更有利于职工实际能力的提高,也就能够及时弥补因岗位变动而带来的知识不足。

3. 因势利导。班组的培训工作应紧跟国铁集团、铁路局集团公司的安全形势制订培训内容,使培训工作更好服务于生产。培训应紧密结合现场实践,及时将最新、最快、最实用的先进生产经验传授到班组的各个职工当中,为确保安全生产打下良好的基础。

第二节　班组培训的内容与要求

一、班组思想政治教育

(一)班组思想政治教育的必要性

随着市场经济的发展,企业改革的不断深入,运输生产任务的日益繁重,职工的思想十分活跃。面对许多新情况、新课题,班组要做好职工的思想政治工作,就必须抓好班组思想政治教育。班组思想政治教育是企业思想政治工作的重要组成部分,是党政工团各级组织的共同责任。班组的思想政治教育要结合铁路高质量发展和运输生产的形势任务及班组职工的思想实际,通过运用具有班组思想政治教育特点的形式和载体,增强思想教育的实效性和感召力,明理鼓劲,凝聚人心,引导职工爱岗敬业、遵章守纪、刻苦钻研、团结互助,不断提高职工的思想觉悟,在本职岗位上争创一流，多作贡献。

(二)班组思想政治教育的形式与内容

班组思想政治教育的主要形式是班组集体学习，也可以通过黑板报、墙报、宣传栏等形式展开。

班组思想政治教育主要包括以下内容。

1. 形势任务教育

结合各个时期的中心任务，学习党和国家的路线、方针、政策，引导职工正确认识国际国内形势，明确企业安全、路风和效益的目标，立足本职努力工作。

2. 安全教育

引导职工树立“安全第一、预防为主”的思想，强化质量意识，加强规章制度教育，提高执行“两纪”的自觉性，把安全质量渗透到班组生产过程中去。

3. 职业道德和路风教育

职业道德是所有从业人员在职业活动中应该遵循的行为准则，随着现代社会分工的发展，专业化程度的增强和市场竞争的日趋激烈，整个社会对从业人员的职业观念、职业态度、职业技能、职业纪律和职业作风的要求越来越高。因此，必须重视开展职业道德教育，倡导以爱岗敬业、诚实守信、办事公道、服务群众、奉献社会为主要内容的职业精神。铁路是一个服务型的企业，提供优质服务，追求旅客(货主)的满意，是铁路企业的目标。所以引导职工牢记“人民铁路为人民”的宗旨，把提供优质服务上升到保护消费者合法权益的高度来认识，端正路风，维护企业声誉，是铁路企业班组职工思想政治教育的重要内容。

4. 爱国主义教育和集体主义教育

爱国是中华民族的优良传统。集体主义作为公民道德建设的原则，是社会主义经济、政治和文化建设的必然要求。经常对职工进行爱国主义和集体主义教育非常必要。在进行爱国主义教育和集体主义教育时，要引导职工树立正确的人生观、价值观、道德观，正确处理国家、集体和个人三者关系，坚决反对无政府主义、个人主义和拜金主义。

二、技术业务教育

（一）开展技术业务教育的必要性

职工素质是企业核心竞争能力的重要元素。通过开展技术业务教育，可以使职工掌握先进技术业务和生产技能，使先进的技术和设备形成先进的生产力，适应企业发展需要。

随着铁路现代化进程的推进，计算机和信息技术将在许多工种和岗位上广泛应用，建设一支高素质综合人才队伍，以人才队伍建设实现人才强路已刻不容缓。为此，我们必须树立人才资源是第一资源和人人都可以成才的观念，完善人才培养机制，以"在职提高、持续学习、终身学习"的理念，以岗位要求为核心，开展技术业务教育，加快人员知识更新，推进一流人才队伍的培养，适应和谐铁路建设发展的要求。

（二）技术业务教育的主要内容

班组培训的内容，是按照企业培训的总体需求，从班组生产经营（工作）岗位的实际情况出发，突出实际操作能力的培训，以提高职工本岗位实际工作能力为重点，以解决岗位生产问题为宗旨，不断提高员工的创新能力和综合素质。要根据《运输企业岗位标准》《职业技能标准》《职业技能鉴定规范》，以岗位标准化作业、岗位应知应会和非正常情况下应急处理为主要内容，紧密联系生产实际，把新规章的运用、"四新"技术的使用、安全施工办法、事故案例、季节性教育等纳入日常学习内容。具体地讲主要有以下五个方面：

1. 生产技能培训。按照岗位技能标准要求，结合岗位工作需要，对班组全体人员进行专业技能、技巧的训练。培训以岗位实际操作技能和技术问题为重点，同时，也要注意对新技术、新工艺、新设备、新技能的学习和操练。认真抓好防寒、防暑、防胀、防溜、军运、施工作业等适应性培训。

2. 规章制度培训。无论什么样的组织，为了使工作顺利高效地开展，都会制定很多的规章制度，其目的是让员工知道他们到底能做什么、避免做什么、不能做什么。班组作为企业的基层管理组织，要按照企业要求，针对工作的实际，对全体人员进行规章制度培训，以提高员工素质、规范员工行为，保证操作科学、生产顺利。

3. 安全培训。在企业生产经营（工作）中，应时刻把安全工作放在极其重要的位置。作为直接关乎安全生产的班组，更要把安全教育培训放在所有工作的首位。安全培训的主要内容是，国家安全生产方面的相关法律、法规，特别是企业各项安全生产规章制度和安全技术操作规程，培养职工遵章守法、安全无小事和安全就是生命的意识。

4. 应急问题能力培训。在班组生产过程中，经常会遇到一些生产经营（工作）或技术、现场、现实问题，这些问题必须即时得到解决，否则生产经营（工作）任务就会受到影响，即时、应急解决问题的能力，是班组培训的重中之重。在班组生产经营（工作）过程中，发现问题，要有意识地在解决问题时组织现场培训，教给职工如何解决和处理，并使其掌握处理类似问题的基本方法或思路。

5. 创新能力培训。创新是班组工作适应企业发展需要的重要途径，也是班组培训工作的重要内容。班组创新主要体现在生产经营（工作）过程中的细节方面，如技术方面的小改小革，管理方面的合理化建议。培育职工要用创新思维的方式去看待平时的工作，用创新的方式去开展工作和解决实际问题，以达到培养职工创新工作能力的目的。

（三）班组技术业务教育的组织实施

班组长要统筹考虑班组的各项工作，并做出合理的培训计划安排，紧密联系实际工作开展班组培训工作，在班组培训中要起到领头人作用，发挥最主要、最直接的教练作用。

1. 认真执行职工培训计划

职工教育计划是为实现职工教育目标所采取的途径与方法。认真实施、执行职工教育计划是提高职工队伍整体素质的重要手段，也是班组长义不容辞的责任。班组长要千方百计克服困难，积极主动地化解工学矛盾，认真执行企业的职工教育计划，积极支持职工参加各类教育培训。

对班组的职工培训，要了解职工的培训需求，对班组人员的文化程度、工作年限、专业水平的高低予以掌握和了解，针对岗位特点与人员素质不同安排其岗位学习，做到有的放矢。

2. 班组长带头学习文化技术

成为本工种本岗位的行家里手，是班组长必备的素质和条件。班组长要率先达到本岗位所要求的文化素质、专业要求及职业资格等岗位标准。班组直接面对生产，少至一个工种，多至几个工种，班组长只有熟悉和掌握本班组关键岗位的技术业务知识，熟知本班组的生产过程、设备特性和产品质量要求，能指导、示范操作、解决一些职工难以处理的技术问题并进行现场指导和把关，才能驾驭班组安全和生产的主动权。

3. 开展职工岗位达标活动

职工岗位达标是班组“双达标”的内容之一。班组长要掌握分析班组成员的文化、技术现状，按照上级颁布的岗位标准，明确本班组职工达标的目标和差距，认真执行职工岗位达标的各项培训措施。鼓励职工刻苦钻研本岗位技术业务，不断提高自己的学历和技术等级，实现岗位达标的目标。

4. 选好师傅，带好徒弟

严格执行新职、转岗和晋升人员岗前培训考核办法，对新职、转岗和晋升人员必须严格执行“先培训—考试合格—再上岗”的

“卡死”制度，考试不合格，不得上岗。为此可采用技术业务教育中最常用、最传统的培训方式——师傅带徒弟的方式进行培训。师傅带徒弟的培训方式虽然传统，却是生产实践中培训工人实际操作技能、技巧的一种可行方式。通过推荐和考核相结合的方式择优确定带徒师傅。师徒间的教与学，通过签订“师徒合同”进行管理。

作为班组长，其一，要选好师傅，选择政治思想素质好、工作认真负责、技术业务水平高的职工担任师傅。其二，要督促师傅按合同内容和时间进度认真进行传授。其三，要督促徒弟认真进行理论知识学习。其四，要经常检查督促发现问题，及时纠正解决。对新职徒弟要优先安排在师徒合同学习期内完成初级理论教育和初级操作技能培训，掌握本工种起始等级的职业技能。

5. 开展岗位练兵和互教互学活动

岗位练兵是指在生产工作岗位上提高职工技术水平的一种方法。这种培训把生产、工作与基本功训练紧紧结合在一起，采用干什么、学什么、练什么的原则，把班组的生产、工作项目作为练兵的内容，既能提高职工的技术水平，又能促进生产发展，是提高职工素质的一种行之有效的方法。

班组长应在抓好岗位练兵的基础上，鼓励班组职工积极参加各级技术竞赛。

6. 组织班组集体学习

班组集体学习是利用班务会学习技术业务知识，一般由班组长或班组技教辅导员主持，预先准备好学习内容，集体学习讨论。班组长应重视和抓好班组集体学习，在每次组织学习前做好充分的准备。从本班组人员的现状出发，根据生产和工作需要，将学习作业标准化作为班组技术业务教育的重点。在学习时间上，应根据本班组生产的特点，利用生产间歇和人员相对集中的时间学习。可以选择工班长、技师、“岗位明星职工”等生产一线骨干做技教辅导员，通过他们向班组成员示范标准化作业，传授技艺，提高全体人员的技术、业务水平。

7. 班组安全教育与训练

班组安全教育与训练的目的，是使班组每一个成员掌握基本的安全知识，提高班组每一个成员的安全意识和技能。

事故案例是班组安全教育的极好教材。班组要结合本系统、本企业、本车间、本班组的事故案例进行教育，可以使班组成员了解事故给职工生命和国家或集体财产造成的损失、给家庭和亲人造成的不幸和痛苦，使班组成员更好地吸取教训，引以为戒。对班组内发生的微伤、未遂等事故苗头，班组也要认真分析接受教训，改进工作，做到防微杜渐。要教育班组每个成员增强搞好安全生产的自觉性和责任感，使班组成员从被动的“要我安全”转为主动的“我要安全”，自觉遵章守纪，严格执行操作规程，做安全生产的模范。

三、班组培训的基本形式

班组培训的最大特点是灵活多样、针对性强，本着“缺什么、补什么，干什么、学什么”的原则进行。据此，结合实际总结出以下几种主要形式。

1. 经验传授式培训。通常指在班组工作中，由工作经验丰富、技术过硬的老师傅，带若干名新到工作岗位的青年工人，采取边工作、边传授的形式开展培训。经验传授式也称师徒培训式。

2. 经验交流式培训。班组员工就生产、工作的有关问题进行经验体会方面的交流活动。通过交流，起到相互启发、相互促进的作用。经验交流的形式很多，也很灵活，可以是正式交流，比如召开班组会议有组织、有计划地进行交流，或通过组织开展岗位练兵、技能竞赛、技术比武等方式进行交流，也可以是非正式交流，如在班组形成相应浓厚的交流氛围情况下，员工之间进行的交流。

3. 问题针对式培训。问题针对式培训通常有两种情况，一是围绕生产过程中出现的具体问题或存在的隐患，有针对性地教授员工如何解决，并据此使其掌握处理问题的一般方法，可以通过组织相关人员共同研究的方式解决问题，也可采取一对一的方式教给职工解决方法，还可采取现场模拟的方式，通过模拟演习，使员工掌握解决问题的方法；二是纠正生产（工作）中的错误，包括员工长期形成的不规范操作行为，以及某一具体的错误操作方式，通过纠正既指出错误的危害性，又使其掌握正确的操作方法，对某一具体的错误操作可采取即时指出的方式，对长期形成的不良工作习惯，则可采取先记录、分析、分类，然后寻找适当时机、适当场合予以纠正，从而起到良好的效果。

4."送出去，请进来"式培训。通常指班组将其成员送到段里参加统一组织的集中培训，或根据某一工作的要求，以及班组培训计划的具体安排，邀请段内，甚至铁路局集团公司的有关专家到班组来进行专题或专项技术培训。

上述四种类型的班组培训模式，是班组在生产经营（工作）过程中较为常见的培训组织形式。应该指出，这些形式通常是相互配合使用的，而不是互不相干、相互孤立的。

四、班组培训的基本方法

前面从组织管理的角度讲了班组培训的四类基本模式，每一种模式都要有具体的方法作支撑，才能得以运行。班组培训的基本方法大致有以下六种。

1. 讲授法

讲授法通常是"送出去，请进来"式培训常用的一种具体培训方法。组织班组成员参加科技讲座和有关技术讲座，普及科学技术知识，促进班组成员技术素质的提高。

2. 技能示范法

在上述谈到的几种形式中都可能运用技能示范法。具体像组织先进技术表演，请本班组或外单位同工种技术能手现场演示先进操作技术，给其他成员示范，老师傅给青年工人操作示范，以及纠正错误时所进行的示范性演示等都属于技能示范法。

3. 边干边教法

边干边教法主要用于经验传授式培训和师徒培训。通过干中学、学中干，导师带徒工，先进带落后，老工带新工等。边干边教、边干边学，是发挥班组培训主阵地的优势所在，也是岗位成才的主要方式。

4. 实战模拟法

实战模拟法是问题针对式培训中常用的具体方法。实战模拟就是设定一种特定培训目标，或生产经营（工作）中出现的问题，或生产经营（工作）中新技术技能应用等，培训组织者让受训者按照培训的要求，模拟生产经营（工作）的真实性进行运作。这种模拟培训旨在让受训者身临其境，有真实的感觉，突出培训的实践性。

5. 技能比赛及岗位练兵法

岗位技能比赛可以检验员工操作技能水平，可以使班组成员很好地交流工作经验，并形成比、学、赶、帮、超的良好氛围，提高班组成员学习岗位技能的积极性。这是经验交流式培训常用的一种方法。

岗位技能比赛建立在日常的班组岗位练兵基础上，岗位练兵活动是促使员工在生产、工作岗位上迅速提高技术水平的有效手段。通过基本理论的测试和实际技能的演练，达到提高基本功的目的。通常做法是，由车间、专业技术人员和其他管理人员，结合生产装置或现场实际，给班组操作人员出数十道或几百道关于安全生产、工艺操作、设备维护以及厂规厂纪等方面的试题放在班组的“练兵题库”内，班组人员可以随时学习交流，达到岗位练兵的目的。

6. 专题培训法

班组可以结合生产实际,组织"一事一题"的专题培训。每次选择一两个生产中遇到的问题,召开技术研讨会,大家共同讨论、消化、提高,也可以请行业内的专家就某一个问题来班组讲课,每次力求解决一个问题。专题培训法属于问题针对式培训常用的方法。

职工日常业务学习要做到"五有":即学习有制度、教学有计划、个人有笔记、考试有记录、考核有奖惩。职工日常业务的学习形式和方法应根据本单位生产特点来确定,可采用一日一题、一周一课、一月一考、一季一赛等有效的学习方法,也可以开展班前答一题、班后一小考和知识讲座、技能竞赛等形式。

第三节　班组长与班组培训工作

班组长既是企业生产管理的基层领导者,又是企业民主管理的关键人物;既要担当企业生产第一线指挥员的责任,又要做好班组成员的政治思想工作。班组成员素质的提高,班组培训的成败,与班组长的作用密切相关。可以说班组长在培训中的组织能力和培训水平是至关重要的。

一、班组长在班组培训中的地位和作用

(一)班组长在班组培训中的地位

班组长在班组培训工作中的地位至关重要,具体包括以下三方面。

1. 班组培训计划的制定者。班组长作为班组全面工作的负责人,要统筹考虑班组的各项工作,并做出合理的计划安排。培训作为班组的一项重要工作,也必须由班组长安排其具体实施计划,以便与企业的总体要求相一致,与本班组工作相吻合。

2. 班组培训工作的组织者。班组长不仅是班组培训计划的制定者,更是组织者和带头人,是保证培训计划落到实处的责任人。

3. 班组培训工作的教练。班组长作为本班组的技术业务骨干和技能带头人,肩负着带领全班成员共同提高技术业务素质的重任。同时,班组长与班组成员朝夕相处,工作生活在一起,对本班组的生产工作情况了解最清楚,能够最方便、最迅速地指导班组成员提高技术水平,是班组成员最直接的培训师和教练。

(二)班组长在班组培训中的作用

1. 引领作用。在班组培训工作中,要起到领头人的作用。一是带领班组成员开展班组培训。如班组长有责任将企业和车间下达的培训任务,不折不扣地落实在班组工作中,带领大家认真按照计划开展班组培训。二是引导班组成员朝着正确的方向开展培训。如选择最契合的培训形式和方法、选取最重要的培训内容开展培训,带领班组成员共同研究解决生产经营(工作)中的问题等。

2. 凝聚作用。在培训过程中,班组长一要通过有效的宣传手段,把班组成员的精力吸引到培训工作上来,形成班组培训的合力。二要通过自己的工作,使班组培训工作在一个时期内,按照一个共同目标开展。

3. 教练作用。班组长要在班组培训过程中,发挥最主要、最直接的教练作用。一是教给班组成员生产技能、安全规程等生产运营(工作)方面的专业知识、技能。二是将一些与生产相关的新理念传授给班组成员,使其增长见识,开阔思路。三是将良好的工作态度、职业品质通过言传身教传授给每一个成员,形成良好的班组文化。四是及时发现班组成员工作中的问题,采取适当的形式予以纠正。

二、班组长培训能力的提升

由于现代企业培训对班组长提出了更高的要求,企业应进一步加强对班组长的重视，不断对班组长进行培训，不但在技术能力上进行培训，更要重视加强对班组长综合素质的培训，包括创新能力、沟通协调能力、组织生产统筹能力，更包括培训能力的培训。这就要求班组长要不断提高自己的培训水平，不断提升自己的培训能力。

（一）外在提升

外在提升，主要是指来自班组之外，对班组长培训能力提升产生的影响因素。具体包括以下三方面：

1. 来自企业本身的影响。企业要依靠自身的力量努力提升班组长的培训能力。如通过内部组织班组长的技术培训、交流、比赛等，通过这些活动提升班组长的专业技能。通过聘请专家讲授培训技巧、成人培训的基本规律与方法，以及开展企业内班组长培训及经验交流活动，提高班组长的培训能力。

2. 企业运用社会资源的影响。企业还可以充分运用社会资源来提升班组长的培训能力。如有计划、有针对性地将班组长“送出去”参加一些专题培训，使其了解当代培训的新理念、新技术，开阔其培训方面的新思路；通过组织班组长参加国家或行业举办的经验交流、技术比赛等活动，提升其培训能力。

3. 企业运用国际交流的影响。企业还可通过与国外同行业间企业的交流合作，使班组长了解国外同行业企业在基层培训方面的具体做法，甚至可以利用机会组织班组长实地考察，亲身体会国外的做法，从而提升其培训能力。

（二）自我提升

自我提升是指班组长通过自身努力，提升培训能力的途径与方法。具体有以下四种途径。

1. 不断学习。一是不断钻研业务，使自己真正成为班组的业务尖子，为提升培训能力打好基础；二是不断学习培训方面的知识、技法，逐步积累培训方法；三是不断利用机会进行交流，从他人那里学习培训的新方法。

2. 不断思考。一是不断发现班组生产(工作)中存在的问题,思考如何通过培训解决问题;二是经常回顾以往开展培训所运用的方法,思考哪些方面是值得发扬的经验,哪些是必须改正的错误,哪些问题今后应该注意等。

3. 不断探索实践。一是将从他人那里学到的新方法应用于实践,从中发现问题,改进完善;二是结合工作实际和学习结果,自己探索适合本班组实际的新型培训方法,并用于实践,在实践中逐步完善。

4. 不断积累。一是将从别人那里学到的方法进行积累;二是将工作实践中的做法不断积累。在积累的基础上,进行分析处理,将所积累的经验、方法按性质、类型予以划分,逐步形成适合本班组培训个性化发展的有效方法。

三、班组长与班组的终身培训工作体系

在知识经济时代,知识老化的周期缩短,更新换代加速,任何一种一次性的教育方式都不能使受教育者受用终身。因此,学习不再纯粹是工作的先期准备,不断学习变成工作的一个有机组成部分。同时,随着职工职业变更和岗位调整日趋频繁,终身培训已成为必然趋势,职业培训必将伴随职工的职业生涯。这就要求员工要不断调整自己的知识结构,不断用新的知识和技术武装自己,使个体的发展与时代同步。

(一)班组长在班组终身培训体系建设中的作用

1. 保证班组终身职业培训工作的具体落实。

2. 确保班组终身职业培训工作的内容与班组生产经营(工作)紧密结合。

3. 保证班组终身职业培训有利于班组成员职业生涯的发展。

(二)建立班组职工终身培训体系的方法与途径

班组培训是企业培训的一个有机部分,也是企业建立终身培训体系的一个具体落脚点,建立班组职工终身培训体系首先要与企业培训要求相适应,围绕企业要求,确定班组培训方向。建立适应班组学习的班组终身职业培训模式或学习小平台。

1. 建立自主学习式的班组终身职业培训模式。即不依赖于外界因素影响的独立自主的学习方式。自主学习需要学习者具有强烈的求知欲,能够合理地安排自己的学习活动,具有刻苦钻研精神,并且能够对自己的学习效果进行科学的评价。班组长要通过工作,培养大家自主学习的兴趣、意识和能力,努力营造自主学习的氛围。有了一定的自主学习能力,班组成员就不再是被动接受知识的机器,而是能用科学的方法主动探求知识、敢于质疑问难、个性充分发展的学习的主人。

自主学习的基本操作过程:确定学习目标—制定学习计划—选择学习方法—监控学习过程—评价学习成果。

2. 建立合作学习式的班组终身职业培训模式。工作中以学习小组为基本组织形式,以团体成绩为评价标准,共同达成培训目标的活动。

合作学习的基本操作过程:教学目标呈现—集体学习—小组合作活动—测验—评价和奖励。

3. 建立协作学习式的班组终身职业培训模式。协作学习是一种为了促进学习,由部分班组成员协作完成某个学习目标的方法。在协作学习过程中,个人学习的成功与他人的成功密不可分,学习者之间以融洽的关系,以相互合作的态度,共享信息和资源,共同担负学习责任,荣辱同当。

协作学习的基本流程:分析协作学习目标—分析协作学习任务—确定小组的基本结构—协作环境的创设—协作学习活动的设计—协作学习效果的评价。

4. 建立情景学习式的班组终身职业培训模式。设立培训与学习的模拟情景，在诸如仿真装置上进行培训，可以提高班组成员的实际操作能力。

5. 研究性学习式的班组终身职业培训模式。班组将生产经营（工作）中的难题作为课题，让员工进行攻关研究，在研究中学习。这时的技术指导员，一方面是技术指导，解决攻关中的关键问题，一方面又是教练，教会员工解决问题的技术技能。

6. 问题学习式的班组终身职业培训模式。通过让班组成员合作解决真实性问题或工作中的攻关课题，来学习隐含于问题背后的知识，形成解决问题的技能，并形成自主学习的能力。

第四节　创建学习型班组

班组是企业的细胞，是企业最基层、最活跃的组织，也是企业各项工作的具体实践者。班组成员素质的高低，直接决定企业可持续发展的能力和竞争力；班组建设的水平，直接体现企业的综合实力和战斗力。其中，创建学习型班组是提升班组建设水平的一项重要的、不可或缺的内容。

一、创建学习型班组的背景

创建学习型班组并不是传统意义上的让组员多读几本书或者多组织几场培训、多举办几场活动，它是一种常态化、日常化、例行化的企业管理方式。

学习型班组是学习型组织的一部分。学习型组织来源于美国管理学家彼得·圣吉的《第五项修炼》，他在书中提出未来唯一可以持续发展的组织只有学习型组织。企业的竞争力来自企业内部组织的学习力。

彼得·圣吉认为，如果企业的每一个职工都能够转变观念，打破以往的思维定式，从旧观念中跳出来，厘清思路，制订出各自的愿景目标，实现自我超越，然后把个体的自我超越聚合成团队的、组织的整体超越，形成集体的合力，就能够改变以往的自卫心智模式、从众心智模式、盲目心智模式，真实地、客观地面对现状，积极地发挥聪明才智，共同营造创新学习氛围，进而主动有效地改变现状，成为推动团队组织学习前进的原动力，使群体智力得到提升，同时使组织演化为学习型组织，并保持持久的竞争优势。

学习型组织一经提出，就引发了企业界传统管理的改革。随着时代的发展，学习型组织、学习型班组成为越来越多企业关注并积极创建的有效管理方式，赢得各国许多社会组织管理者、领导者的青睐。

二、学习型班组的内容与要求

学习型班组是一个能使班组内全体成员全身心投入并有持续增长的学习力的班组；是一个能让班组成员体会到工作意义的班组；是一个通过学习，能把学习转化为创造力的班组。只有把握好以上三点，才能够去创建学习型班组。

(一)学习型班组的内容

彼得·圣吉以系统思考、多元整合的方式为现代企业与个人提供了一种全新的管理与自我管理规范：五项修炼。依据五项修炼，彼得·圣吉建立了“彼得·圣吉模型”，即改善个人与组织的思维模式，使组织朝向学习型组织迈进的五项技术。这五项修炼是：

1. 自我超越

自我超越的修炼是学习型组织的精神基础，它是一项关注个人成长的修炼。具有自我超越意识的人，能够认知其自身真正的愿望，并为实现此愿望不断扩展其能力。

自我超越指的是突破极限的自我实现，强调的是自我的进步、发展。它有两个前提：一是认知自己的愿景；二是认知自己当前的真实状况。只有认知了这两方面的差距，才能够清楚自己需要扩展哪些方面的能力。愿景是发乎内心的终极目标，它描述的是具体的特定的结果。如“我想从事真正喜爱的职业”，而当前的状况却可能是“我不得不另谋他职以求度日”。具有自我超越意识的人就会致力于掌握从事喜爱的职业所必需的技能、知识。

自我超越需要做到以下三点：

(1)开展思想教育

有些人认为当前是市场经济的时代，思想教育已是过去式，是属于革命时代的产物。其实，无论是在什么时间、什么地方，思想教育都是很重要的。一个企业要成功，必须注重思想教育。

(2)从“工具性”的工作观转变为“创造性”的工作观

传统上，职工与企业结成的是契约关系，在这种关系下，工作是为了赚取收入，而赚取收入是为了“做自己真正想做的事”，因而，在某种意义上，工作是职工实现自己愿望的一种工具。

实现自我超越，必须摆脱“工具性”的工作观，把工作视为美好人生的一个重要部分，是“自己真正想做的事情”，只有这样，才能实现自身与企业的双赢。如果只是一味地、机械地、枯燥乏味地工作，没有热情与激情，长此以往，会找不到工作的乐趣，在工作中找不到成就感、幸福感。

(3)向极限挑战

关于成功，有些人是这样抱怨的：“我成功路上最大的障碍就是领导，他们不重视我”或“我最大的障碍是环境，我怎样努力都没有用”。对于这些人，现代成功学有句名言：“妨碍你成功的最大障碍，既不是你的对手，也不是你的敌人，而是你自己。”人们往往在心中给自己设置障碍，这是自我超越的人所要极力避免的。

2. 改善心智模式

在企业的管理过程中，经常会存在这样一种现象：要么是一些不错的构想没有机会实现，相关的具体见解也无法正常运作；要么就是尝试出的一点小成果得不到全面的推广和发展。

这种现象的症结在于“心智模式”的缺失。所谓心智模式，指那些深深固结于人们心中，影响人们认识周围世界，以及采取行动的许多假设、成见和印象，是思想定式的反映。新的想法无法付诸实施，常常是因为它和人们对于周围世界如何运作的看法和行为相抵触。因此，学习如何将人们的心智模式打开，并加以检视和改善，有助于改变人们心中对于周围世界如何运作的既有认知。这对于建立学习型组织来说，是一项重大的突破。

心智模式的修炼，是自我超越和共同愿景的基石，它左右着对客观事物的正确认识，如果心智模式没有改善，面对同样的客观现实，就可能产生出不同的看法，就可能使自我超越的修炼偏离正确的方向，使组织内难以形成共同的价值取向。

心智模式的修炼，是系统思考的保障，是人们创建学习型组织的一个重要的基础性问题。它对于个人而言，是一个重新创造人生的修炼；对于组织而言，是一个重塑管理思想的修炼。只有加强心智模式的修炼，系统思考的力量才会得到加强，也才能发挥作用。

改善心智模式，就要审视自己的心智模式，否定、抛弃旧有的心智模式，这要求企业的领导和职工要用新的眼光看世界，主要应做到的是对自己心智模式的反思和对他人心智模式的探询。

3. 建立共同愿景

所谓共同愿景，是指组织中所有人想创造什么，是组织中所有个人愿景的整合，是能成为职工心中愿望的远景，它遍及组织所有的活动，而使不同的活动融合起来。

共同愿景是人们心中一股令人深受感召的力量，刚开始时可能只是一个想法、一个抽象的东西，然而一旦发展成能够感召一个组织群体的精神支柱时，人们便开始把它看成是具体存在的。

在人类群体活动中，很少活动能像共同愿景这样激发出强大的力量。它是个人、团队、组织学习和行动的坐标，对学习型组织至关重要，能为学习聚集能量。只有当人们致力于实现共同的理想、愿望和共同的愿景时，才会产生自觉的创造性学习。

4. 团体学习

团体学习是建立在自我超越和共同愿景之上的，是促进团体成员整体配合与提升实现共同目标能力的过程。

组织在今日尤其需要团体学习，无论是管理组织、产品开发组织，还是跨机能的工作小组，团体在组织中渐渐成为关键的学习单位。之所以如此，是因为现在几乎所有重要决定，都是直接或间接通过团体做出的。在组织内部，团体学习有三个方面需要顾及。

首先，团体智力必须高于个人智力。一般情况下，组织中会有一些强大的智力，造成团体的智慧小于单个成员的才智。然而，有许多力量是团体成员可以控制并加以利用的。

其次，个性与共性的和谐并存。在组织发展中，单个成员个性的发展对团体的发展有很大的帮助，而杰出团体也需要一种工作上的默契。每一位成员在发展自己的同时，更要很好地配合团队的发展。

再次，团队成员各自的角色地位及其相关影响。比如管理机构的每一个决定，都是通过不同的执行机构来施行的。

5. 系统思考

系统思考是一项架构整体的修炼，能让人们看见互相关联的事件，以及渐渐变化的形态。

系统思考以一种新的方式，使人们重新认识周围的世界。其主要的观点可以概括为：由"将自己与世界分开"，转变为"与世界连接"，从"将问题看作是由'外面'某些人或事引起的"，转变为"看到自己的行动如何造成问题"。

系统思考主要有系统的观点和动态的观点两个关键点。系统中各个局部都应该受到重视，因为它们不是孤立存在的，而是相互联系、相互作用的。所以，系统思考并非深不可测，而是大家比较熟悉的在生活、学习、工作中自然运用的一项修炼。系统的思考要求认清系统的结构，不应被表面现象所迷惑，应处理动态的、复杂的细节问题。

系统思考是五项修炼的核心，是其他修炼的互动。

(1)在修炼的过程中，系统思考与自我超越相结合，形成一个更宽阔的愿景，达到更高层次的“自我超越”。不具备系统思考的自我超越，常常是以自我为中心，只重视自己的追求，忽视外部力量对自身行动的影响；而拥有系统思考的自我超越，能融合理性与直觉，看清周围的世界，对整体有使命感。

(2)系统思考能有效确立、改善心智模式。在心智模式中，加入系统思考，不仅能改善人们的心智模式，还能改变人们的思考方式，使人们的心智模式更加完善和健全。

(3)系统思考让建立共同愿景被科学合理地描述。如果缺少了系统思考，人们的愿景只能被称为幻景，而不能被科学合理地描述，这样的愿景缺乏吸引力，不能把职工凝聚起来。

(4)系统思考的观点，对团体学习更为重要。系统思考的工具，为团体学习和克服工作中复杂的、动态的问题提供了有效的语言工具。

上述五项修炼中，“系统思考”是整合其他各项修炼成一体的理论与实务的关键，它能有效防止组织在真正实践时，将各项修炼列为互不相干的名目或一时流行的风尚。少了系统思考，就无法探究各项修炼之间如何互动。系统思考强化其他每一项修炼，并不断提醒人们：融合整体能得到整体大于部分之和的效果。同样，系统思考也需要其他四项修炼来配合，以发挥它的潜力。“建立共同愿景”培养成员对团队的长期承诺；“改善心智模式”使人专注于以开放的方式体现人们认知方面的缺失；“团队学习”是发挥团体力量，全面提升团队整体力量的技术；而“自我超越”是不断反照个人对周边影响的一面镜子，缺少了它，人们将陷入简单的“压力-反应”式的结构困境。因此，五项修炼是一个有机整体，不能孤立或分割开来。

(二)学习型班组的要求

创建学习型班组，对班组和组织有以下要求：

1. 拥有学习力

学习力分三个要素：学习的动力、学习的毅力、学习的能力。学习的动力体现了学习的目标，学习的毅力反映了学习者的意志，学习的能力来源于学习者掌握的知识及其在实践中的应用。一个人、一个班组是否有很强的学习力，完全取决于这个人、这个班组是否有明确的奋斗目标、坚强的意志和丰富的知识及大量的实践经验。当有了努力的目标，只是具备了“应学”的动力；当具备了丰富的理论和实践经验，仅仅是具备了“能学”的力量；当学习的意志很坚定的时候，不过是有了“能学”的可能性。只有将三者合而为一，才真正拥有学习力。

2. 体会到工作中生命的意义

所谓能体会到生命意义，也就是能够实现快乐工作。人的最高层次的需求就是实现自我价值，也就是要获得生命的意义。小到一个班组、大到一个企业，只有职工能通过工作体验到生命意义的时候，他们才愿意、才能够把自己的所有潜能发挥出来。而一个班组、一个企业只有在充分获得自己职工潜能的时候，才能具有更强的竞争力。所以，我们要为职工创造一种快乐工作的氛围，让职工感觉到心情愉快、感觉到生命的美好，使职工能够充分发挥个人潜能，使职工能够在实现个人生命意义的同时为企业创造出最大的价值。

3. 把学习力转化为创造力

学习共分为三种类型：一是无效的学习。这种学习往往是一种形式主义，从开始到结束只是走一个过场，无任何效果可言。这种学习在我们很多班组和很多个人中存在。二是转化为破坏力的学习。三是转化为创造力的学习,这正是我们所强调的学习。一个班组仅仅有学习力、有快乐工作的氛围是不够的,在实际工作和学习中,不能为了学习而学习,一定要注重培养职工的创造力和把学习力转化为创造力的能力。学习型班组的核心理念就是持续创新,只有创新才能真正实现学习的目的。

三、创建学习型班组有效的学习方式

创建学习型班组,是以人为本的最基础的设计,也是组员自我超越的精神修炼的需要。创建学习型班组应该是"工作学习化、学习工作化"的学习方式,是从实践中来、到实践中去的过程。

用什么方式来学习是创建学习型班组的关键。通过对人的增智赋能模型的分析,不难发现,最有效的学习方式是:向实践学习,向问题学习,向同事学习,向标杆学习,在团队中学习,在互动中学习,在分享中学习,在思考中学习。

1. 工场即道场

将工作现场视为职业修行道场。其具体做法是,将每个人的最佳做法利用可视化系统表达出来,分享给团队其他成员。

2. 工作即修行

将工作行为视为职业精神修炼。尽管企业有明确的标准和流程,但由于职工的惯性思维和惯性行为,总会自觉不自觉地偏离标准和流程。要克服这种思与行的冲突,需要一种"每日一反思,每日一讨论"的活力晚会、分享晚会、对标晚会的快乐学习机制,它既能激发全员思考,带动全员学习,又有助于班组工作绩效的改善和提升。

3. 学习工作化

以实践为师,时时练悟性。对于现代企业职工来说,学习不应该是教室里面的那种孤立的活动,而是在实际工作中提炼经验、技术，在与同事的交流中获得全面提升的过程。学习与工作是紧密结合在一起、密不可分的。

4. 思行合一化

以思考为径，事事都反思。在学习型班组建设模式中有一项关于激活人的潜能的方法，即班会后 10 min 的团队分享活动。通过讲解组员的一件小事、一个细节、一个做法、一个想法、一种态度等来表彰、激励或者指出其需要改进的地方。对当天被树为标杆的人物，则要对其事迹进行重点的分享，并在全体班组成员面前进行一个嘉许仪式。

5. 以同事为师

人人有绝活，互学中互敬。在学习型班组模式建设过程中，我们需要开展互相发现、互相激励的班组互动活动。增强团队每个人的自信心，从而使他们敢作敢为敢创新，让团队成员在相敬的过程中相互发现、相互欣赏、相互学习。

6. 以分享为师

人人是教练，分享体验力。没有互动就不存在学习型组织，互动是每个人将自己的心得分享给他人、最终共同实现团队目标的过程。在实践中探索求新，增强组员的责任感、成就感和自我实现感，推动精益管理落实到组员的具体行为中，使团队充满创新的活力，使组员充满创新的激情。

7. 标杆为师

处处都对标，比学赶帮超。纵向对标树信心，今天比昨天进步，即树立持续学习、持续改善的信心。横向对标学标杆，在一种有比较的学习中，班组成员潜移默化地形成学习、模仿、超越的自我意识。比学赶帮超，通过比，人们就会自动、自发；通过学，就会使人自我超越；通过赶，就会让人干劲倍增；通过帮，就会让人共同进步；通过超，就会让人全力以赴。

8. 以问题为师

向错误要教训，以改善为中心。目的是将问题管理日常化，实现全员化的高效运作方式，能够让班组的每一位成员具有解决问题的意识和兴趣，培养班组成员发现问题、解决问题、分享问题解决过程的愉快感和成就感。在这样一个共同学习的过程中，班组成员的智慧迸发出来了，既为班组解决了问题，也建立了成员个人快速成长的职业修炼模式。

四、创建学习型班组的基本步骤

1. 评估组织的学习情况。即了解班组成员的不同学历、阅历、自学能力、外语和计算机能力；另外还要了解班组成员的兴趣爱好、专业特长、业余时间安排和目前的学习情况，做到心中有数。

2. 克服组织的学习障碍。一般来说，个人的学习障碍有以下几个方面：学不学习无所谓；年纪大、学历低，怕学不好丢面子；还有一种是认为学历已有，对终身教育缺乏认识。凡此种种，需要对症下药，克服认识上的偏差和学习上的障碍，为组织学习打开前进的通道。

3. 增强学习自觉性。增强积极性的途径很多，如采用循序渐进的方法，及时给予必要的帮助和学习方法指导；鼓励组员每一个学习上的进步；奖励学习先进和鼓励学以致用等。

4. 促进学习持续发展。促进学习持续发展，是提升学习力的重要环节。

5. 鼓励从危机中学习。危机是什么，是困境、是挑战，更是发展提高自己的机遇。要鼓励从危机中学习，就要不断挑战自我、超越自我，从解决危机的过程中不断学习掌握新的知识。

6. 使组员成为学习资源。一般情况下，企业总是把职工作为教育的对象，但是学习型班组是要使组员成为学习资源。寸有所长，尺有所短，每个人总有自己的长处，关键是要善于发现和运用。

7. 把学习引入工作。学习导入工作的过程,就是创建学习型班组的过程。

8. 描绘愿景转化为行动。努力把企业的大愿景、团队愿景和个人愿景转化为实际行动,通过共同的价值观、使命感来实现目标。

9. 学会系统思考。必须本质、整体、动态思考、分析和解决问题。

10. 明示未来努力方向。学习创造未来,但未来并不是每个人都能预见的。为了激励班组成员的学习积极性,进一步明确努力方向,在创建学习型班组过程中,可组织组员职业生涯设计活动,把组员职业生涯过程中的阶段性目标和努力方向作为鼓舞组员向前学习的动力。

五、学习型班组的班组长作用

建设学习型班组,班组是否有凝聚力很关键。班组长要具备组织学习的办法,拥有吸引组员参与的手段。班组有凝聚力,才会有共同的目标;班组长有好的办法,才能带领组员朝着制定的目标去努力;而只有班组全体成员不断地努力,才能成功建设学习型班组。那么,在建设学习型班组中,班组长为当好班组学习的带头人,可从以下方面发挥作用。

1. 坚持以理论指导实践

建设学习型班组的实践当以学习型组织理论作为指导。学习型组织理论适用于各种组织,其强调的是提高群体智慧,增强组织的学习力,让职工通过学习达到自我超越与不断创新,从而实现企业财富速增、服务超值的目标。

要建设学习型班组,班组长就要首先认真学习学习型组织理论,充分领会其真谛,才能掌握其要领。只有班组长充分掌握了学习型组织理论要领,才能在领导学习型班组建设的活动过程中不走或少走岔路，少遭挫折。

2. 坚持理论结合实际

理论源于实践，自然也需要在实践中不断完善与发展。众所周知，任何一家企业都有其与众不同之处，哪怕是处于同一行业的企业，他们的情况也定各有差异。同理，班组也是一样。因此，在建设学习型班组的过程中，班组长既要努力运用正确的理论指导工作，又要尽量避免生搬硬套、脱离实际，要重在实效，灵活地、创造性地学习运用学习型组织理论。

3. 坚持有序推进

学习型班组的文化建设工作，并非一项突击性的工作，必须根据实际情况有序开展，稳步推进。

有条件的班组可以先搞达标创建活动，在达到标准后，冠以“学习型班组”称号；条件不具备的，可以先在营造班组学习氛围、培育团队精神、普及终身学习理念等方面下功夫，随后再做好引导工作，逐步让班组迈入“学习型班组”达标行列。

具体来讲，建设学习型班组，坚持有序推进，应做好以下工作：

(1)提升班组成员的学习理念

要建设学习型班组，班组长首先要深化班组成员对学习的理解，提高班组成员对学习的认识，鼓励班组成员的学习行为，以形成良好的学习氛围。

班组长需要明白这一点，学习型组织强调的学习不同于传统意义上理解的学知识，其所强调的“学习”是终身学习、全员学习、团队学习与全过程学习，强调“工作学习化，学习工作化”。

(2)建立共同愿景

班组共同愿景不仅能激发出班组成员的极大勇气，孕育班组的无限创造力，更能形成强大的驱动力，其包含班组目标、价值观以及使命感三个要素。

建立班组共同愿景首先就要打好班组成员的价值认同与共同

发展这两个重要基础。一个缺少目标、价值观以及使命感的班组，势必走不长远。班组的共同愿景必须建立在个人愿景的基础之上，个人愿景应受企业愿景的指导。

班组共同愿景的建立需要班组成员对愿景有共同的承诺，而不能只是从上而下的命令。班组建立共同愿景，应该在企业愿景的指导下，结合班组实际，进一步认清形势，统一认识，修正整合班组成员个人愿景。

一般情况下，将班组共同愿景的建立过程分为提出发布、宣传沟通、反馈咨商、推进实施等几个阶段，因为只有这样建立起来的班组共同愿景才能更符合实际，具有广泛的群众基础。当班组建立起了既符合实际又有广泛群众基础的共同愿景，要实现这个共同愿景，就需要再对照现状，找出差距，从而促使班组成员共同努力奋斗，不断缩小和消除这些差距。在这个过程中，班组必然会遇到需要学习的知识以及需要解决的问题，而这也为解决学习型班组建设过程中需要学习哪些知识、解决哪些问题指出了明确的方向。

(3)制定建设规划

学习型班组的建设活动不是一朝一夕就能成功的，其需要一个不断探索、循序渐进的过程。

建设学习型班组要保持创建的正确方向，不断向更高层面提升，就需要不断地创新，不断地提高，在系统的修炼中循序渐进。而要保证建设活动有序进行，班组长就必须在建立班组共同愿景的前提下，制订一个切实可行的与企业创建学习型组织相协调的班组文化建设规划。如果企业尚未制订学习型文化建设规划，班组长则应先取得上级认可，以便使日后的学习型班组建设活动在实施过程中得到上级的支持关心。最后，再依据规划制订详细的分阶段实施建设计划。

需要指出的是，计划在实施过程中应根据情况的变化，进行不断修正和完善，切实做到用规划来指导和鞭策文化建设活动的稳步推进。

(4)把握建设试点

要争取学习型班组建设活动在较短的时间取得明显的效果，增强整体推进文化建设活动的信心，班组长可以根据某些单位的经验，在学习型班组的建设过程中，加强指导、充分发挥骨干和典型的作用，选好试点单位，采取先抓试点、获得经验、稳步推行的方法。

此外，学习型班组的建设必须结合企业的发展目标以及当前的班组实际，坚持稳健推进的原则，力求不断创新文化建设载体，提升建设水平，克服搞“一阵风”、赶时髦、图形式的不良作风。

(5)发挥典型的作用

众所周知，榜样具有无穷的力量。因此，建设学习型班组时，要注意培养、善于发现和树立学习型班组建设的典型，将他们的经验进行总结与推广，以助于更有效地将班组学习力转化为创新力，推进基层班组向学习型班组迈进。

(6)制定有效的激励约束机制

要成功建设学习型班组，就必须建立一套有效的激励约束机制来对创建工作进行一系列的跟踪服务与引导工作。

虽然激励与约束是事物矛盾的两个方面，但它们对于学习型班组的建设工作来说是缺一不可的。要保证班组成员积极参与班组学习活动、促使学习型班组建设活动不断向纵深发展并取得较好效果，班组长就应该针对不同班组的实际，采取不同的、适度的机制性激励和约束措施，达到个人行为以及班组行为的规范。

(7)制定评估标准

制定评估标准，是正确明晰判断学习型班组建设工作整体进展情况的根据。毫无疑问，要正确评估，就必须有一个评估标准。

但是学习型班组建设的评估标准，目前还未见有统一的模式，研究认为，就总体情况而言，至少必须包含以下内容：终身学习、全员学习、团队学习、全过程学习的理念；制定促进班组成员学习的激励保障机制；拥有宽松的工作环境，形成学习共享与互动学习的氛围；实现"工作学习化，学习工作化"；大部分班组成员在思想素养、业务素质、技能水平、工作业绩等方面获得明显进步；班组业务管理以及整体业绩规模不断取得创新成果。

只有制定了评估标准，才能对学习型班组文化的建设工作实行定期考核与评价，从而激励和鞭策基层班组在文化建设的过程中不断改进和完善建设工作。

在对学习型班组建设工作进行评估时，班组长既要对班组作出实事求是的讲评，肯定其建设成绩，也要指出学习型班组建设工作中遇到的问题与不足，并提出今后努力的方向，使班组切实感受到评估的过程其实也是一个学习的过程。评估结果揭晓后，班组长应对在文化建设工作中取得优异成绩的组员予以必要的物质和精神奖励，这样才能进一步强化全员学习、团队学习、全程学习、终身学习的学习之风。

(8)班组长要充分发挥领导的表率作用

俗话说，"火车跑得快，全靠车头带"。学习型班组的建设工作，能否取得较好的成效，关键在班组长的领导。

作为班组长，首先就要自觉将自己的行动与维护企业大局、维护班组利益联系起来，树立正确的价值观、建立强烈的责任心与使命感，并求真务实，真抓实干，积极解决班组成员最关心、最需要解决的问题，始终保持旺盛的工作热情，努力以自身的领导形象来带动班组的风气向好，发挥一名班组长应有的表率作用。

此外，班组长除了要充分发挥自身的表率作用，还需在自身综合素质上"长"人一头，所谓"教育者首先受教育，说理者首先明理"。因此，班组长自身也必须注重学习，通过学习全面提高自身素质。只有这样，班组长才能担当起组织以及辅导组员学习的重任，从而潜移默化地带动班组团队学习，共同提高。

总之，学习力是企业发展之源，竞争力是企业制胜之本。企业的竞争优势归根结底来源于组织的学习，来源于比竞争对手学得更快的能力。进行学习型班组建设的核心目的，就是要增强企业和职工的学习力，实现企业竞争力的提升。可以说，建设学习型班组不仅是创建学习型企业的需要，更是提升企业竞争力、实现企业持续发展的基本要求。

附录一 铁路精神谱系

铁路是中国共产党领导中国工人阶级登上政治舞台的最早发源地之一。广大铁路人响应党的号召，听从党的指挥，在革命、建设、改革发展实践中形成了以"人民铁路为人民"为核心的伟大铁路精神谱系。"二七"精神、"毛泽东号"精神、"铁牛号"精神、小东精神、福生庄精神、成昆精神、"158"精神、巴山精神、大秦重载精神、青藏铁路精神，这些最具时代性、先进性、代表性的铁路精神，熔铸了铁路人"始终听党话、永远跟党走"的红色基因，一直牢牢印在中国铁路历史深处，并深深融入改革发展的时代脉动之中。

百年征程波澜壮阔，百年初心历久弥坚。以史为鉴，开创未来。让我们从中国铁路百年发展历程中汲取精神力量，让"始终听党话、永远跟党走"的铁路红色基因薪火相传，以永不懈怠的精神状态和一往无前的奋斗姿态，勇担交通强国铁路先行历史使命，推动新时代中国铁路实现高质量发展，在全面建设社会主义现代化国家的新征程中作出更大贡献。

一、"二七"精神：英勇、团结、牺牲、奉献

毛主席曾这样评价："中国工人运动还是从长辛店铁路工厂开始的"。1923 年 2 月，郑州铁路工人领袖高斌拉响了二七大罢工的第一声汽笛，3 h 内，南到江岸，北至长辛店，京汉铁路全线 3 万多名工人参与其中。

二七大罢工充分显示了中国工人阶级坚定的革命性、坚强的战斗力和大无畏的气概，同时孕育出了英勇、团结、牺牲、奉献的"二七"精神。

二、"毛泽东号"精神:报效祖国、忠于职守、艰苦奋斗、永当先锋

"毛泽东号"精神源于"毛泽东号"机车。诞生于1946年的"毛泽东号"机车先后跨越蒸汽、内燃、电力3个时代,经历5次机车换型,被誉为"机车领袖""火车头中的火车头"。

截至2023年6月底,"毛泽东号"机车已经实现连续安全走行1 200万km,见证着铁路发展、国家巨变。

三、"铁牛号"精神:为国分忧、艰苦奋斗

1949年2月,在"死机复活"运动中被修复的96号机车正式命名为"铁牛号"机车,寓意铁道线上昂首奋进、苦干实干、任劳任怨的老黄牛。

"铁牛号"机车受命于困境之时,奉命于危难之际,只要有命令就擂鼓出征,只要有任务就开足马力,只要有动力就竭尽所能,"为国分忧、艰苦奋斗"的精神,成为一代代中国铁路人爱党爱国、求实创新、开拓进取的精神写照。

四、小东精神:一点不差,差一点也不行

小东站是中国铁路沈阳局集团有限公司高新线上的一个四等站,已经连续保持安全生产七十余载。"一点不差,差一点也不行"的小东精神在薪火相传的实践中不断丰富发展,成为中国铁路的一面旗帜。

五、福生庄精神:不走样

福生庄线路工区隶属于中国铁路呼和浩特局集团有限公司集宁工务段,于1948年8月成立,担负着京包铁路干线咽喉要道的养护维修任务。迄今为止,福生庄线路工区创造了75年无事故的优异成绩,成为载入共和国铁路史册的光荣纪录。

“福生庄人的眼里不揉沙子，对标作业永远‘不走样’！”是福生庄人严守规章的誓言。

六、成昆精神：坚守实干，创新争先

50余年风雨兼程，砥砺奋进的成昆铁路成为西南地区经济社会发展的大动脉，孕育出的成昆精神更是树立起了铁路人为之骄傲、接力前行的精神丰碑。

七、“158”精神：敬业爱岗甘当螺丝钉，无私奉献甘当践行者，温暖社会甘当一团火

在“学习雷锋好榜样”热潮中诞生的南京站“158”雷锋服务站，自觉坚持学雷锋做好事连续半个多世纪从未间断。

他们始终秉承“以服务为宗旨，待旅客如亲人”的理念，为南来北往的旅客提供优质服务，用几代人的甘愿奉献接力传承，诠释了雷锋精神的时代内涵。

八、巴山精神：艰苦奋斗，无私奉献，务实创新

在大巴山腹地，巴山铁路站区的铁路人无惧恶劣的自然环境，无惧艰苦的工作生活条件，秉持着“在一天就要干好一天”的信念，把襄渝铁路地质条件最复杂、基础最薄弱、病害最严重的“担心线”养护成了“放心线”，孕育出了巴山精神，高擎起一面铁路人的精神旗帜。

九、大秦重载精神：负重争先、勇于超越

大秦铁路西起煤都大同，东至渤海之滨，横跨桑干峡谷，穿越燕山山脉，于1988年首段开通运营，截至2023年2月17日，累计发运煤炭突破80亿t，是国家重大民生工程。

30多年来，一代代大秦铁路人，不负重托、勇争一流、砥砺先

行,创造出了从无到有、由弱到强的骄人业绩,铸就了“负重争先、勇于超越”的大秦重载精神。

十、青藏铁路精神:挑战极限、勇创一流

2006 年 7 月 1 日,跨越世界屋脊的青藏铁路开通。面对极端恶劣的自然环境,青藏铁路人以不畏艰险的英雄气概和求真务实的科学态度,以惊人的毅力和勇气战胜了各种难以想象的困难,谱写了人类铁路发展史上的辉煌篇章。

在把青藏铁路建设和运营成为世界一流高原铁路的过程中凝聚而成的“挑战极限、勇创一流”的青藏铁路精神,是青藏铁路人扎根高原、无私奉献群体形象的真实写照。

一条条蜿蜒的铁路,印刻着中国铁路人忘我奋斗的坚实足迹、历久弥新的红色基因,在铁路改革发展的新征程中代代相传。

附录二　铁路发展概况

一、世界铁路发展

(一)普速铁路

从世界上第一条铁路运营到现在,已经有将近 200 年的历史。16 世纪,欧洲开采业繁荣,促进了铁路的发展。

1825 年 9 月 27 日,世界上第一条铁路,英国斯托克顿—达灵顿铁路通车,由蒸汽机车、32 辆货车和 1 辆客车组成载重量约 90 t 的列车。它的出现标志着近代铁路运输业的开端,使陆上交通运输迈入了以蒸汽机为动力的新纪元。它以显著的优越性,备受人们青睐,在短时间内,世界各主要国家铁路相继修通并得到较快发展。

(二)高速铁路

铁路作为陆上主要运输方式,在一个多世纪时间里居于垄断地位,后来随着汽车、航空和管道运输的发展,铁路受到新浪潮的冲击。为适应社会和经济需求的发展,各国纷纷进行大规模的现代化技术改造,同时改革运输组织方式,采用高新技术,在重载、高速和信息技术方面取得了重大突破。高速铁路开启了铁路历史的新纪元。

世界上首条高速铁路是日本的新干线,于 1964 年正式营运。日系新干线列车由川崎重工建造,行驶在东京—名古屋—京都—大阪的东海道新干线。

1. 第一次浪潮:1964—1990 年

1959 年 4 月 5 日,世界上第一条真正意义上的高速铁路东海道新干线在日本破土动工，经过 5 年建设，于 1964 年 3 月全线完成铺轨，同年 7 月竣工，1964 年 10 月 1 日正式通车。东海道新干线全长 515.4 km，初期运营速度高达 210 km/h，它的建成通车标志着世界高速铁路新纪元的到来。

继东海道新干线之后，1972 年日本又修建了山阳、东北和上越新干线；法国修建了东南 TGV 线、大西洋 TGV 线；意大利修建了罗马至佛罗伦萨高速铁路。以日本为首的第一代高速铁路的建成，大力推动了沿线地区经济的均衡发展，促进了房地产、工业机械、钢铁等相关产业的发展，降低了交通运输对环境的影响程度，铁路市场份额大幅度回升，企业经济效益明显好转。

2. 第二次浪潮：1990 年至 20 世纪 90 年代中期

法国、德国、意大利、西班牙、比利时、荷兰、瑞典、英国等发达国家，大规模修建本国或跨国界高速铁路，逐步形成了欧洲高速铁路网络。这次高速铁路的建设高潮，不仅仅是铁路提高内部企业效益的需要，更多的是国家能源、环境、交通政策的需要。

3. 第三次浪潮：20 世纪 90 年代中期至今

在亚洲（中国、韩国）、北美洲（美国）、大洋洲（澳大利亚）世界范围内掀起了建设高速铁路的热潮。主要体现在：一是修建高速铁路得到了各国政府的大力支持，一般都有了全国性的整体修建规划，并按照规划逐步实施；二是修建高速铁路的企业经济效益和社会效益，得到了更广层面的共识，特别是修建高速铁路在节约能源、减少环境污染、保障交通安全等方面的社会效益显著，以及能够促进沿线地区经济发展、加快产业结构的调整等。

（三）部分国家铁路建设与发展情况

1. 美国铁路

美国第一条铁路为巴尔的摩—俄亥俄铁路，于 1830 年 5 月建成通车，全长 21 km。1916 年，美国铁路总里程曾达到历史最高峰，约 41 万 km。此后，由于铁路经营状况恶化，大量线路被拆除和封闭，路网长度不断缩减。1980 年，美国铁路实施了放松管制改革后，又进行了大规模的路网合理化改造。

2. 日本铁路

日本第一条铁路——京滨铁路(东京—横滨)于 1872 年建成，全长 29 km。目前，日本铁路网由 JRs(日本铁路公司)线路和其他轨道交通线路(包括大型民铁、东京地铁、地方交通、公营)组成，其中 JRs 线路主要是横跨全国的干线铁路，后者则主要为城市或市郊轨道交通线路。

1964 年，东海道新干线建成通车，此后新干线线路不断发展，逐渐延伸至日本本州岛、九州岛的大部分地区。所有新干线的最高运营速度均达 250 km/h。当在建、计划建设及未来规划建设的高速铁路建成后，日本将形成较完整的新干线高速铁路网。

3. 英国铁路

英国的铁路网早在 100 多年前就已经成型。19 世纪 50 年代是英国铁路建设的高峰时期，截至 1880 年主要线路基本建成，1928 年路网规模达到 32 565 km 的历史最高水平。之后，由于受到世界大战和公路激烈竞争的影响，铁路运输市场份额逐渐萎缩，路网规模不断缩小。

英国是世界铁路运输业的发源地，以客运为主，客货共线运输。在英国铁路发展的历史最好时期，货运市场份额曾达到 52%，客运市场份额曾达到 30%。但是从 20 世纪 50 年代开始，随着公路、航空运输的兴起，铁路运输受到了严重挑战，逐渐走向衰落。之后，通过实行网运分离、民营化等一系列改革措施，英国铁路重新确立了在交通运输业中的位置，客货运量逐年增长，市场份额保持在一个相对稳定的水平。

4. 法国铁路

19 世纪 20 年代，法国第一条铁路诞生于圣艾蒂安。1937 年，法国国营铁路公司(SNCF)成立,国家拥有 SNCF 公司 51%的资产。1938 年,法国铁路网里程达到 64 000 km 的历史最高峰。1982 年,国家收购了全部私人股份,SNCF 成为国内唯一的铁路经营者。1947—1976 年,SNCF 制订和实施了 6 个铁路发展计划,重点进行了铁路重建、电气化建设和机车车辆更新。1976 年至今,法国先后建设和开通了东南线、大西洋线、北方线、东南延伸线、巴黎地区东部联络线、地中海线等多条高速铁路线。

5. 印度铁路

印度铁路路网在印度独立前已大致形成规模,1950 年印度共和国成立后,铁路营业里程增长很缓慢,但电气化率提高明显。印度铁路是多轨距系统,按轨距分有宽轨铁路(轨距 1 676 mm)、米轨铁路(轨距 1 000 mm)和窄轨铁路(轨距有 762 mm 和 620 mm 两种)。其中大部分是宽轨铁路,主要繁忙干线都是宽轨铁路,电气化线路也全都是宽轨铁路。

印度的干线铁路属于客货混运型,随着经济快速发展,主要干线运输日益繁忙。从 2006 年开始,为满足客货运量的不断增长,印度铁路研究并制定了货运专线和高速客运走廊建设规划。2009 年,印度"货运专线走廊计划"东线工程正式动工修建,东线全长 1 256 km,三分之二的线路为双线铁路,用于重载运输。

印度铁路货运无论从运量和收入来看,煤炭运输都占有极为重要的地位。

二、中国铁路发展

(一)新中国成立以前的铁路事业

中国铁路始于清末时期,1876 年 7 月 3 日,由英、美合谋,由英国在华代理人——怡和洋行,背着清政府诡称修建从吴淞到上海的一条"寻常马路",擅自在中国的土地上修建的中国第一条营业性铁路——吴淞铁路建成通车了。随后,清政府出银 28.5 万两,分 3 次交款赎回了这条铁路并予以拆除。

1881 年,中国出资修建并延存下来的第一条铁路为唐胥铁路。它是清政府为了解决开平矿务局的煤炭运输问题而修建的,铁路全长约 10 km,采用 15 kg/m 的钢轨。中国工人利用矿场起重机锅炉和竖井架的槽铁等旧材料,制成了一台蒸汽机车。机车全长 18 英尺 8 英寸(约 5.7 m),两侧各刻一条龙,名为“龙号”机车。

1909 年,中国第一条自行设计、施工的铁路——京张铁路建成。京张铁路南起北京丰台,北至张家口,全长 201 km,采用 1 435 mm 标准轨距,是在杰出的爱国工程师詹天佑主持下,全部用中国人民自己的智慧和才能建成的。

京张铁路建筑工程相当艰巨,自南口进入燕山山脉军都山后,岭高、坡陡、隧道工程大,需要开凿居庸关隧道(长 365 m)、五桂头隧道(长 46 m)、石佛寺隧道(长 141 m)和八达岭隧道(长 1 091 m)。在当时条件下,完全靠人工修筑而成。从南口至青龙桥站 18 km 间的最大坡度已达 33‰,为了保证列车能安全越过山岭,在詹天佑主持下设计成“人”字形爬坡线路解决了这一难题。京张铁路的修建谱写了中国铁路建筑史上光辉的一页。

清政府时期共修建铁路约 9 100 km,具有浓厚的半殖民地半封建的性质和色彩,整个铁路事业发展缓慢。

(二)新中国的铁路事业

1. 普速铁路

中华人民共和国成立时,中国大陆仅留下铁路 22 600 km。1952 年 7 月 1 日,新中国修建的第一条铁路成渝铁路全线通车。

在 1953—1957 年的第一个五年计划期内,先后建成的铁路干线有:成都至重庆、天水至兰州、来宾至凭祥、丰台至沙城、集宁至二连浩特、蓝村至烟台、黎塘至湛江、宝鸡至成都以及鹰潭至厦门等铁路。1958—1962 年的第二个五年计划期内,先后建成的铁路干线有：萧山至穿山、包头至兰州、南平至福州、北京至承德、兰州至西宁等铁路，并重建了柳州至贵阳的铁路。1963—1965 年的三年调整时期，先后建成的铁路干线有：兰州至乌鲁木齐、贵阳至重庆等铁路。1966—1970 年第三个五年计划期内修建的铁路干线有：贵阳至昆明、通辽至让湖路、成都至昆明等铁路。1971—1975 年的第四个五年计划期内修建的铁路干线有：北京至原平、焦作至枝城、通县至古冶、株洲至贵阳等铁路。1976—1980 年的第五个五年计划期内修建的铁路干线有：阳平关至安康、太原至焦作等铁路。1981 年又建成北京至通辽、襄樊至重庆等铁路，枝城至柳州以及芜湖至贵溪等铁路亦相继完成。

在新中国成立后，我国铁路建设有了极大的发展，在路网建设、线路状况、技术装备和运输效率上取得了光辉的成就，这一时期典型铁路建设项目如下。

（1）成渝铁路（附图 2-1）。成都至重庆，全长 505 km，1950 年 6 月 15 日开工，1952 年 7 月 1 日全线通车。成渝铁路是新中国自行设计施工，完全采用国产材料修建的第一条铁路，是在极其困难的条件下进行的。

附图 2-1　成渝铁路

（2）成昆铁路（附图 2-2）。成都至昆明，全长 1 096 km。1958 年 7 月，成昆铁路成都至峨眉段全面动工建设。1958 年至 1962 年期间，成昆铁路项目“三上三下”，全线工程多次改变标准进行过定测和变更设计，仅成都至青龙场 61.5 km 路段铺轨通车，而南段工程基本没有开工建设。1964 年 9 月，汇聚数十万筑路大军重新建设成昆铁路。1966 年，成昆铁路进入建设高潮，施工人员达到 35.97 万余人。1970 年 6 月，成昆铁路完成铺轨；同年 7 月 1 日，成昆铁路全线开通运营，在西昌举行通车典礼大会。

在当时的社会环境下，成昆铁路是一项难度极大的工程，沿线地带被外国专家们称作“铁路禁区”，长期被认为是不可能修筑铁路的地方。成昆铁路全线贯穿地势险峻、地形多样、地质复杂的山川河谷，途经崎岖陡峭、奇峰耸立、深涧密布、沟壑纵横及水流奔腾湍急的山岭重丘，线路所经区域有“露天地质博物馆”之称。成昆铁路是一条用血肉之躯筑造的建筑工程，沿线留下大量丰碑，烈士陵园 20 余处。

附图 2-2　成昆铁路

(3)宝成铁路(附图 2-3)。宝鸡至成都，全长 668.2 km。1952 年 7 月动工，1956 年 7 月两端于甘肃黄沙河接轨。1958 年 1 月 1 日正式运营，全线采用蒸汽机车牵引。从 1958 年 6 月起，宝成铁路进行了电气化改造工程，1975 年 7 月 1 日全线完成电气化改造，成为中国第一条电气化铁路。

附图 2-3　宝成铁路

(4)京九铁路。北京西至九龙,全长 2 553.2 km,这是中国在京沪、京广两大干线之间纵贯南北的又一条长大干线,也是新中国一次性建成的最长双线铁路。1993 年 4 月 20 日全线动工建设,1996 年 9 月 1 日全线竣工通车。

(5)大秦铁路。大同至秦皇岛,全长 653.2 km。1992 年 12 月 21 日全线通车,2002 年运量达到 1 亿 t 设计能力。2008 年运量突破 3.4 亿 t,目前年最高运量已突破 4.5 亿 t,是世界上年运量最大的铁路线。被誉为“中国重载第一路”的大秦铁路是山西、陕西、内蒙古西部煤炭主产区“西煤东运”重要能源通道。

(6)浩吉铁路。浩勒报吉至吉安,全长 1 814 km,2019 年 9 月 28 日建成通车。浩吉铁路设计速度 120 km/h,设计年运量 2 亿 t,是国家“北煤南运”新的战略大通道,是目前世界上一次建成里程最长的重载铁路和国内规模最大的运煤专线。浩吉铁路对完善区域路网布局,及华中“中三角”地区和长江中游城市群建设与经济发展具有重要战略意义。

(7)粤海铁路(附图 2-4)。包括广东省境内湛江至海安铁路、琼州海峡铁路轮渡、海南省境内海口至叉河铁路三个部分,全长 568.3 km。1998 年 8 月 30 日,粤海铁路开工,2003 年建成通车。粤海铁路是世纪之交中国建设史上一项标志性工程,表明中国在建设跨海铁路上取得了关键技术的突破,填补了多项国内空白,标志着中国铁路建设进入了新的历史阶段。粤海铁路作为中国第一条跨海铁路,为中国跨海铁路的建设、运营、管理提供经验。

附图 2-4　“粤海铁 1 号”跨海渡船与海口南港铁路栈桥对接

(8)青藏铁路(附图 2-5)。西宁至拉萨,全长 1 956 km。1984 年 5 月青藏铁路西宁至格尔木段建成通车,2006 年 7 月 1 日全线开通运营。

在堪称世界屋脊的青藏高原,面对多年冻土、高寒缺氧、生态脆弱三大世界难题,我国铁路建设取得了重要突破,建成了世界上海拔最高、线路最长、通过永久冻土区最长的高原铁路,成为与首都相连,能与世界接轨的钢铁大动脉,是世界铁路建设史上最宏伟的大工程,开创了西藏交通史上又一个新纪元。

附图 2-5　列车运行在青藏铁路格拉段的冻土地带

(9)拉林铁路(附图 2-6)。拉萨至林芝,全长 403.14 km。2014 年 12 月 19 日开工,2021 年 6 月 25 日开通运营。拉林铁路是西藏第一条电气化铁路,设计速度 160 km/h。复兴号高原内电双源动车组同步投入运营,这是复兴号动车组首次开进西藏,实现复兴号动车组 31 个省区市全覆盖。

附图 2-6　复兴号动车组开进西藏

1997 年至 2007 年,中国铁路先后经历了六次大提速。1997 年 4 月 1 日零时,中国铁路第一次大面积提速调图全面实施,提速列车最高运行时速达到 140 km。1998 年 10 月 1 日零时,第二次大面积提速调图实施,快速列车最高运行速度达到了时速 160 km。2000 年 10 月 21 日零时,第三次大面积提速在陇海、兰新、京九、浙赣线顺利实施,初步形成了覆盖全国主要地区的"四纵两横"提速网络。2001 年 10 月 21 日零时,第四次大面积提速调图实施,铁路提速延展里程达到 13 000 km,提速网络覆盖全国大部分省区市。2004 年 4 月 18 日零时,第五次大面积提速调图实施,几大干线的部分地段线路基本达到时速 200 km 的要求。2007 年 4 月 18 日零时,第六次铁路提速实施,涉及京哈、京沪、京广、陇海、沪昆、胶济、广深、京九、兰新等 18 条线路。

2. 高速铁路

以 2008 年我国第一条设计速度 350 km/h 的京津城际铁路建成运营为标志,一大批新线相继建成投产。特别是党的十八大以来,我国铁路发展进入快车道,发展速度之快、质量之高令世界惊叹,并成功建设了世界上规模最大、现代化水平最高的高速铁路网。

(1)京津城际铁路。2008 年 8 月 1 日,具有完全自主知识产权和世界一流水平的我国第一条时速 350 km 高速铁路——京津城际铁路胜利通车。作为中国第一条真正意义上的高速铁路,京津高铁从一问世就站在世界前沿,创造了运营速度、运量、节能环保、舒适度四个世界第一。

(2)京沪高铁。京沪高速铁路于 2008 年 4 月 18 日开工,从北京南站出发终止于上海虹桥站,总长度 1 318 km,总投资约 2 209 亿元。全线纵贯北京、天津、上海三大直辖市和河北、山东、安徽、江苏四省,是新中国成立以来一次建设里程最长、投资最大、标准最高的高速铁路。2011 年 6 月 30 日正式开通运营,北京到上海最快只需 4 时 48 分，实现千里京沪一日还。京沪高速铁路自开通运营以来，基础设施状态良好，运量快速增长，运营安全有序可控，实现了让旅客“安全出行、方便出行、温馨出行”的目标，取得了良好的经济效益与社会效益。京沪高速铁路构建了中国高铁标准体系与技术体系，支撑了中国高速铁路的快速发展，打造了技术先进、安全可靠、性价比高的中国高铁品牌。以京沪高速铁路为代表的高铁已成为中国的一张亮丽名片。

(3)哈大高铁。哈尔滨西至大连北，全长 921 km，2007 年 8 月 23 日开工建设，2012 年 12 月 1 日建成通车。设计速度 350 km/h，初期运营实行冬季和夏季两张列车运行图，列车分别按 200 km/h 和 300 km/h 速度行驶，2015 年 12 月 1 日，哈大高速铁路全线实行冬夏相同列车运行图，列车全年按 300 km/h 速度运营。

(4)海南环岛铁路。海南环岛铁路分为海南东环铁路和海南西环铁路，连接海口至三亚，东环 308 km，西环 345 km。东环设计速度为 250 km/h，西环设计速度为 200 km/h，主要运行 C 字头城际列车，兼顾普速列车，广泛称呼环岛高铁、海南高铁。2015 年 12 月 30 日，海南环岛高铁西段开通运营，在海口站和三亚站与东环铁路接轨形成闭环。

(5)京张高铁(附图 2-7)。北京北至张家口，全长约 174 km。2016 年开工建设，2019 年 12 月开通运营。京张高铁是中国第一条首次采用自主研发的北斗卫星导航系统、设计速度为 350 km/h 的智能化高速铁路，为 2022 年北京冬奥会提供了高品质、现代化的服务保障。

截至 2023 年底，我国铁路营业里程达到 15.9 万 km，其中高铁 4.5 万 km。我国高铁运营里程居世界第一位，是世界上唯一实现高铁时速 350 km 商业运营的国家，树起了世界高铁商业化运营标杆，以最直观的方式向世界展示了“中国速度”。

从林海雪原到江南水乡，从大漠戈壁到东海之滨，我国高铁跨

附图 2-7　京张高铁

越大江大河、穿越崇山峻岭、通达四面八方，“四纵四横”高铁网已经形成，“八纵八横”高铁网正加密成型，运营网络通达水平世界最高。

目前，我国形成了涵盖高铁工程建设、装备制造、运营管理三大领域，具有自主知识产权的成套高铁技术体系，高铁技术水平总体进入世界先进行列，部分领域达到世界领先水平，迈出了从追赶到领跑的关键一步。

3. 中国铁路“走出去”

当前，中国铁路“走出去”步伐不断加快。中老昆万铁路(附图 2-8)连接中国昆明南至老挝万象南，全长 1 035 km，设计速度 160 km/h，于 2021 年 12 月 3 日开通运营。中老昆万铁路是中国与老挝之间通行的一条铁路，也是泛亚铁路中线的重要组成部分，全线采用中国标准。中老昆万铁路统筹国际国内建设与运营，经历了工程地质挑战和疫情风险考验，安全优质按期完成建设任务和运营准备工作，展示了中老昆万铁路作为“一带一路”、中老友谊标志性工程的建设成果和铁路走出去的良好形象，为加快建成中老经济走廊、构建中老命运共同体提供有力支撑。

附图 2-8　中老昆万铁路

参 考 文 献

[1] 上海铁路局教育中心.铁路工班长管理[M].北京:中国铁道出版社,2005.

[2] 江广营,杨金霞.班组建设七项实务[M].北京:北京大学出版社,2009.

[3] 刘小明.管好班组就靠这几招:优秀班组长精益管理笔记[M].北京:人民邮电出版社,2016.

[4] 宁向东.宁向东讲公司治理:共生的智慧[M].北京:中信出版集团,2021.

[5] 蒋勇,冯志新.班组长如何抓管理[M].2版.北京:电子工业出版社,2023.

[6] 江广营,王瑜.班组长胜任能力[M].北京:北京大学出版社,2009.

[7] 江广营,乔华.班组管理技能[M].北京:北京大学出版社,2009.

[8] 冯春祥.铁路车务班组长培训读本[M].北京:中国铁道出版社,2017.

[9] 张颖,李飞.铁路班组管理[M].北京:北京交通大学出版社,2022.

[10]《如何做一名合格的铁路班组长》编委会.如何做一名合格的铁路班组长[M].北京:中国铁道出版社有限公司,2022.

[11] 劳动和社会保障部,中国职工教育和职业培训协会.企业班组长培训教程[M].北京:海洋出版社,2005.

[12]《铁路员工心理健康读本》编委会.铁路员工心理健康读本[M].北京:中国铁道出版社,2012.

[13] 墨羽.做自己的心理医生[M].北京:中国商业出版社,2018.

[14] 中国国家铁路集团有限公司运输部.铁道概论[M].北京:中国铁道出版社有限公司,2022.

[15] 中国国家铁路集团有限公司党组宣传部.铁路红色基因[M].北京:中国铁道出版社有限公司,2021.